HIMMELFARB
SOWELL
DALRYMPLE
KIRK
STRAUSS
HIMMELFARB

biblioteca
Crítica Social

DALR   LE
KIRK
STRAUSS

Copyright © Maurício Gonçalves Righi
Copyright desta edição © 2015 É Realizações

Editor
Edson Manoel de Oliveira Filho

Coordenador da Biblioteca Crítica Social
Luiz Felipe Pondé

Curador
Jorge Feffer

Produção editorial
É Realizações Editora

Capa
Foca Cruz

Projeto gráfico
Douglas Kenji Watanabe

Preparação de texto
Lizete Mercadante

Revisão
Nina Schipper

Reservados todos os direitos desta obra. Proibida toda e qualquer reprodução desta edição por qualquer meio ou forma, seja ela eletrônica ou mecânica, fotocópia, gravação ou qualquer outro meio de reprodução, sem permissão expressa do editor.

CIP-BRASIL. CATALOGAÇÃO NA PUBLICAÇÃO
SINDICATO NACIONAL DOS EDITORES DE LIVROS, RJ

R427t

Righi, Maurício G.
Theodore Dalrymple : a ruína mental dos novos bárbaros / Maurício G. Righi ; organização Luiz Felipe Pondé [curadoria Jorge Feffer]. - 1. ed. - São Paulo : É Realizações, 2015.
192 p. ; 21 cm. (Biblioteca Crítica Social)

Inclui bibliografia
ISBN 978-85-8033-225-4

1. Dalrymple, Theodore, 1949-. 2. Ciência política. 3. Sociologia política. I. Pondé, Luiz Felipe, 1959-. II. Título. III. Série.

15-27227
CDD: 320
CDU: 32

13/10/2015   14/10/2015

É Realizações Editora, Livraria e Distribuidora Ltda.
Rua França Pinto, 498 · São Paulo SP · 04016-002
Caixa Postal: 45321 · 04010-970 · Telefax: (5511) 5572 5363
atendimento@erealizacoes.com.br · www.erealizacoes.com.br

Este livro foi impresso pela Intergraf Indústria Gráfica em outubro de 2015. Os tipos são da família Adobe Garamond Pro e Avenir LT Std. O papel do miolo é o pólen soft 80g, e o da capa cartão supremo 250g.

Maurício G. Righi

THEODORE DALRYMPLE
A ruína mental dos novos bárbaros

prefácio de Luiz Felipe Pondé

É Realizações
Editora

BIBLIOTECA CRÍTICA SOCIAL

Coordenador: Luiz Felipe Pondé

A *Biblioteca Crítica Social* que agora é lançada pela É Realizações é um marco para a construção de um pensamento livre de amarras ideológicas no Brasil. Abrindo este repertório, cinco autores essenciais, apresentados por especialistas, através de livros objetivos e eruditos. O psiquiatra Theodore Dalrymple, e sua fina crítica à destruição do caráter no mundo contemporâneo. Thomas Sowell, homem de letras, duro crítico da irrelevância e arrogância dos intelectuais. A historiadora da moral e da política Gertrude Himmelfarb, uma sofisticada analista das diferentes formas de iluminismo, algumas delas pouco conhecidas no Brasil. O filósofo da política Leo Strauss, pensador conservador e fundador de uma tradição que se opõe a autores mais conhecidos, como Rousseau e Marx. E, por último, mas nem por isso menos essencial, o filósofo e historiador do pensamento conservador, Russell Kirk, autor de uma delicada teia de reflexão que reúne política, crítica literária, moral e espiritualidade.

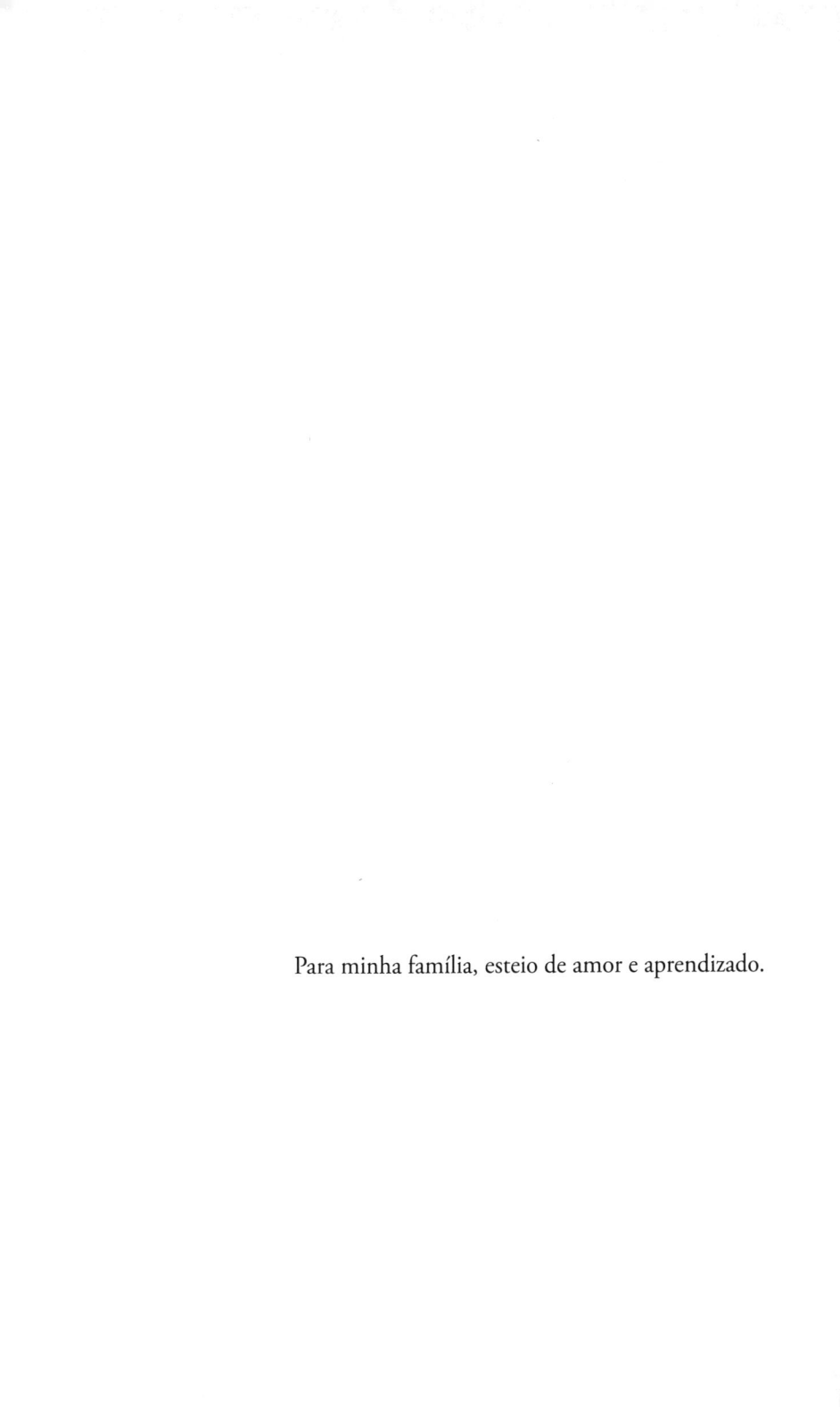

Para minha família, esteio de amor e aprendizado.

Com efeito, a terrível raça de Los & Enitharmon deu
Leis e Religião aos filhos de Har,
acorrentando-os mais e mais à Terra: fechando e contendo.
Até que uma Filosofia dos Cinco Sentidos estivesse concluída
Urizen chorou, colocando-a nas mãos de Newton & Locke
Nuvens negras sobre os Alpes à volta de Rousseau & Voltaire
E nas montanhas do Líbano à volta de deuses fenecidos
Nos desertos da África à volta de anjos caídos
O Príncipe Guardião de Albião arde em sua tenda noturna.
[...]
Orcs enfurecidos na escuridão europeia
Irromperam numa pilastra de fogo acima dos Alpes
Como uma serpente flamejante!
A inclemente crosta
Comprimida!

The Song of Los (1795) – William Blake

SUMÁRIO

Prefácio: Sofrimento e caráter como ferramenta de crítica social 13
Introdução 17
1. Contexto: Cultura e civilização em Dalrymple 23
    Vanguardismo britânico 23
    O fim de uma era 27
    O quarto poder 34
    Cultura e civilização 44
    Uma tradição 49
    Natureza humana 54
    Dinâmicas 58
    Degradação dos valores 66
2. Formação: de Anthony Daniels a Theodore Dalrymple 75
    Primeiras referências 75
    Mudança de paradigma 84
    O médico e o submundo 95
    A metáfora do pecado original 108
3. Obra: Questões e discussões em Dalrymple 123
    Infelicidade e depressão 123
    Cultura e contracultura 137
    Pessoalidade e impessoalidade 162
4. Bibliografia 187

PREFÁCIO: SOFRIMENTO E CARÁTER COMO FERRAMENTA DE CRÍTICA SOCIAL

Luiz Felipe Pondé

O livro do historiador Maurício G. Righi sobre o psiquiatra inglês Theodore Dalrymple é uma pérola como introdução a este essencial anatomista moral britânico contemporâneo.

Dalrymple ficou conhecido dos brasileiros como uma espécie de "profeta" que teria "previsto" os tumultos londrinos de 2011. Naquele momento, os chamados "movimentos sociais contra a desigualdade social", acompanhados da usual histeria das esquerdas, revelaram-se como mais uma prova do ressentimento e do rancor de toda uma geração inglesa pautada pela "ruína moral", tal como Righi descreve o objeto essencial do pensamento de Dalrymple neste livro que o leitor tem em mãos.

Os manifestantes queriam mesmo eram *iPhones* e bolsas Prada, por isso Dalrymple identificou, nesse contexto, um novo perfil dos movimentos contra a "desigualdade social": os sem *iPhones* e os sem Prada. Diagnóstico perfeito: eram coisas assim que as "vítimas sociais" roubavam nos seus saques, coitados! Aliás, Dalrymple é um psiquiatra com larga experiência clínica em meio àqueles que vivem na sarjeta material e moral na Inglaterra. Mas, ao contrário do que pregam os filósofos banais, Dalrymple identifica em sua obra uma destruição do caráter na vida social e política do Reino Unido, levada a cabo pelo "trabalhismo" do Partido Trabalhista daquele país: o Estado de bem-estar social destrói o caráter das pessoas e gera uma sintomatologia associada a essa sarjeta moral. O problema do homem contemporâneo é moral, antes de ser político. Nesse sentido, Dalrymple se coloca junto a uma tradição conhecida do pensamento contemporâneo: *liberal-conservative*. Trata-se da mesma tradição de autores como a historiadora Gertrude Himmelfarb e o filósofo Russell Kirk, autores que também compõem esta Biblioteca de Crítica Social.

O trabalho de Righi se abre com uma breve história de como Anthony Daniels se transformou no autor largamente conhecido Theodore Dalrymple, seu pseudônimo. A intenção de Righi não é elaborar uma história psicológica, mas sim acompanhar o processo por meio do qual um médico inglês com experiência essencialmente prática, egresso da classe trabalhadora inglesa (*working class*, como se diz no Reino Unido), constituiu-se num expressivo herdeiro de uma tradição que data do crítico britânico clássico Dr. Johnson (o poeta e ensaísta Samuel Johnson do século XVIII). O livro de Righi é de início uma biografia intelectual que narra a formação de um crítico social e literário, logo o seu forte caráter de erudição bibliográfica. Em meio a Samuel Johnson, T. S. Eliot, dentre outras referências, e a prática médica nas enfermarias psiquiátricas da sarjeta inglesa, nasce Theodore Dalrymple.

Righi percebe um fato essencial de como se organiza a escrita de Dalrymple, tanto na forma quanto no conteúdo: o psiquiatra e crítico social não parte de uma "simples" erudição universitária para pensar o mundo e os homens, mas sim do sofrimento concreto de seus objetos, sejam eles os seus pacientes, sejam personagens fictícios ou pessoas comuns, os quais constituem a humanidade de todos nós. Essa marca é um divisor de águas entre uma reflexão burocrática, muito comum em nossas universidades e revistas acadêmicas, e o modo de reflexão de Dalrymple. Fosse ele um nietzschiano, poderíamos dizer que "escreve com sangue".

Partindo do sofrimento como marca humana estruturante, e recusando os modismos redentores da moderna "ciência humana", preferindo a companhia de William Shakespeare ao psicologismo social simplista da política britânica das últimas décadas, Dalrymple opta por dialogar com uma tradição que pensa o humano como uma natureza em contínuo descompasso e sem repouso, que tem na consciência desse fato sua verdadeira grandiosidade, e não na negação dele. Por conseguinte, Dalrymple está mais próximo de Edmund Burke do que de Jean-Jacques Rousseau, ambos do século XVIII.

Se o percurso que faz Righi tem como ponto de partida uma espécie de biografia intelectual, para se dedicar na sequência de seu livro a uma análise dos principais temas que preocupam Dalrymple em sua obra de crítica social, nosso historiador não poderia dar curso às suas intuições interpretativas de forma mais bem-acabada do que se dedicar a entender a análise de Dalrymple acerca da infelicidade e da depressão no mundo contemporâneo. Nesse movimento, Righi narra o diagnóstico que Dalrymple faz da cultura contemporânea: um mundo moral em ruínas.

INTRODUÇÃO

O que torna grande o pensamento de Theodore Dalrymple? Creio que ele desaprovaria uma atribuição direta de grandeza ao seu pensamento, não em virtude de uma suposta sobriedade intelectual, tampouco por afetação de modéstia, mas em razão de um reconhecimento: suas mais caras referências literárias e intelectuais. Talvez, ele dissesse: "Grande é o pensamento daqueles em cujos ombros eu pude vislumbrar os largos horizontes e os profundos vales da existência". Certamente ele diria, como de fato disse, "grande foi o Dr. Johnson (1709-1784)". Se o crítico literário, ensaísta, poeta, editor, biógrafo e dicionarista Samuel Johnson foi grande aos olhos de Dalrymple, seria o caso então de perguntar: haveria um pouco do Dr. Johnson no Dr. Dalrymple? Penso que haveria mais do que um pouco. Ambos dividem o mesmo temperamento generoso e a mesma vocação para investigar as profundezas e as contradições da existência humana; ambos são divertidos e moralmente sérios; perspicazes e cultos; conservadores e inovadores; experientes e sensíveis. Na verdade, o que se nota é uma extensa tradição de pensamento que percorre os séculos, e que tem em Samuel Johnson e em Theodore Dalrymple, dentre muitos outros, investigadores natos da alma humana.

Este trabalho tem um objetivo central: analisar os principais temas em Dalrymple à luz de uma antropologia que o próprio Dalrymple nos sugere. Esse médico psiquiatra inglês, autor de dezenas de livros, suscita a reflexão de temas variados, os quais versam sobre as contradições e misérias da sociedade moderna e pós-moderna. Trata-se de um escritor culto, sagaz e multitemático. Ele conduz o seu leitor à contemplação de um amplo espectro de questões controversas e muitas vezes insolúveis. Todavia, por trás da pluralidade dos temas e das discussões, creio que exista a possibilidade de vislumbrar certa unidade antropológica e filosófica no pensamento de Dalrymple. Não que seja uma unidade teoricamente fundamentada em princípios racionalmente deduzidos, muito longe disso. No entanto, existe, nesse pensamento, uma visão de fundo ao mesmo tempo meta-histórica e metapoética, na qual é possível articular os diversos temas aos pressupostos de uma antiga sabedoria sobre o homem. Assim, temos, em seu pensamento, uma visão organizadora sobre a condição humana. Dalrymple nos oferece uma antropologia que tem na literatura universal, na sabedoria do senso comum e na experiência pessoal que ele próprio viveu como médico, os seus principais pontos de apoio.

Por trás do comportamento e da conduta das pessoas, há sempre uma morada de ideias, um universo mental, no qual valores, símbolos, práticas, instituições e ideias estabelecem os seus assentamentos. Em seu conjunto, esses elementos organizam as culturas e as sociedades. Dalrymple visa justamente penetrar na organização (ou desorganização) desse universo mental, mediante critérios antropológica e historicamente válidos. Portanto, o seu pensamento realmente sugere uma antropologia, ainda que esta seja independente dos parâmetros epistemológicos da disciplina. A antropologia de Dalrymple não se fundamenta na ciência, mas na literatura e na experiência concreta de sua vida como médico.

***

Num primeiro momento, haverá, neste trabalho, uma contextualização histórica do pensamento e das questões, pois Dalrymple é um autor que participa de uma antiga tradição de pensamento. Ele não sugere novas respostas, mas sim a recordação de uma sabedoria disposta há muitos séculos. Esse cenário de recuperação de verdades perdidas comporta uma longa tradição de pensadores e autores, junto aos quais Dalrymple se reúne como um atual e expressivo representante, em seu constante embate contra as forças desagregadoras da violência, do ressentimento e da inveja. Portanto, nos primeiros capítulos deste trabalho, pretendo mostrar ao leitor como Dalrymple se insere em um contexto cultural e mental, e como este reflete uma tradição de pensamento que há muito se colocou como guardiã de notáveis ganhos morais e civilizacionais de uma cultura de homens livres. Certamente haverá nesses capítulos, como também nos demais, uma extrapolação temática, uma vez que o objetivo é justamente oferecer uma visão panorâmica do pensamento de Dalrymple, integrando-o ao conjunto maior do contexto histórico, filosófico, jornalístico, antropológico, literário e teológico do qual ele participa.

Na segunda parte, pretendo revelar um pouco do homem em que habita o autor. Não se trata, em absoluto, de uma investigação biográfica formal, mas tão somente de uma modesta leitura sobre a formação e a experiência pessoal de Dalrymple, a partir de uma interpretação minha de seus textos, entrevistas e escritos mais autobiográficos. Com efeito, o método aqui empregado é inverso ao adotado nas reconstruções biográficas mais tradicionais, uma vez que o caminho será o de reconstruir a vida do autor a partir da obra, e não o contrário. Tal abordagem se justifica no modo como essa leitura poderá enriquecer a apreensão do leitor sobre a obra do pensador estudado, cujos escritos foram forjados no seio de marcantes experiências de vida. Theodore Dalrymple não é um acadêmico e tampouco um teórico, mas sim um médico psiquiatra, Anthony Daniels, que resolveu escrever sobre as complexidades da vida segundo suas experiências médicas, pessoais e literárias. Dalrymple diagnostica as patologias sociais do mundo que o cerca, em especial o duríssimo universo de seu ambiente profissional: ambulatórios e enfermarias de presídios e hospitais psiquiátricos. Nesse caso, obra e autor se confundem quase que integralmente, e não há como se aproximar do subtexto do autor, Dalrymple, sem uma devida intimidade com os dramas pessoais do homem concreto, Anthony Daniels. Assim, seria preciso apreender o médico por trás do autor. O próprio Dalrymple já estabelece esse critério em seus textos, na medida em que costuma revelar aos seus leitores um pouco dos dramas e sofrimentos pessoais pelos quais passou, ou seja, ele estabelece um método de ilustração, a fim de mostrar com mais propriedade e clareza os argumentos que defende. Nesse ponto, ele se insere na valiosa tradição literária das confissões, talvez a mais importante das tradições literárias.

O leitor perceberá como os argumentos de Dalrymple não foram comprados no grande supermercado universitário das ideias, mas sim adquiridos e ruminados ao longo de profundas transformações pessoais e constantes sofrimentos. A antropologia que Dalrymple adota foi gerada no interior de experiências pessoais, as quais estiveram em confronto e harmonização com a experiência daqueles que conheciam mais do que ele.

Finalmente, na última parte deste trabalho, discutirei as muitas questões dalrymplianas à luz de suas problemáticas de fundo. Os inúmeros temas abordados na obra de Dalrymple serão vistos pela óptica de seus principais denominadores comuns. Por vezes, essa realidade de fundo é explicitada pelo próprio Dalrymple, mas haverá casos em que o denominador comum será sugerido por mim. Os livros de Dalrymple versam sobre os mais variados temas: drogas, hipocondria, comportamento antissocial, assistencialismo, vulgaridade, promiscuidade, infantilismo, sentimentalismo, relativismo, multiculturalismo, estatismo, tirania, socialismo, intelectualismo, esnobismo, crueldade, ressentimento, etc., etc. A partir de uma antropologia do homem metaforicamente caído (a antropologia de Dalrymple), será possível discernir certas questões fundamentais no pensamento desse autor. Será mostrado ao leitor como o movimento interno dessas questões determina a intensidade e mesmo a natureza de todos os temas discutidos. Por exemplo, por trás da hipocondria e da proliferação do consumo de entorpecentes, houve um retumbante fracasso das ideias formadoras da modernidade: o colapso da desenfreada busca da felicidade pela estética (via sensações). Nesse caso, felicidade e infelicidade compreendem uma das questões de fundo. É claro que essas questões de fundo não esgotam os temas; não obstante, elas têm a vantagem de torná-los inteligíveis em seu conjunto, e isso converge para o sentido maior da obra do autor aqui estudado.

Espero que o leitor encontre, neste trabalho, um guia confiável para o pensamento de Dalrymple, e que ele também obtenha uma razoável contextualização e um aprofundamento das questões. Tratar de obra tão rendosa em suas ricas e inesgotáveis temáticas guarda, no entanto, os seus perigos, especialmente quando não se tem um bom fio condutor. Pretendo oferecer uma parte desse fio aos leitores.

1. CONTEXTO: CULTURA E CIVILIZAÇÃO EM DALRYMPLE

VANGUARDISMO BRITÂNICO

Durante muito tempo os britânicos estiveram na dianteira histórica de expressivos avanços institucionais, científicos e econômicos. Ainda no período medieval, a elite política inglesa, na época a sua aristocracia guerreira, formava uma classe ciosa de maiores liberdades e autonomia frente ao monarca, o que de certa forma a colocou na vanguarda da história. A notória Magna Carta de 1215 formalizou esse processo ao abrir um importante precedente: a explícita sujeição do monarca à lei escrita.

O processo ganhou fôlego após uma fracassada expedição militar na França, cujo objetivo central era a reconquista da Normandia. Ao ser derrotado, o rei João (1166-1216) perdeu a chance de recuperar importantes territórios dos Plantagenetas no continente. Agora, João, que fora excomungado pelo papa Inocêncio III (1160-1216) em 1209, precisava pagar as dívidas de sua desastrada guerra e começou a impor pesadas obrigações tributárias sobre a nobreza guerreira da Inglaterra, principalmente ao sobretaxar o *scutum*.[1] Os barões ingleses do Norte, que havia muito se ressentiam não só dos excessos

---

[1] Numa época de crescente monetarização da sociedade medieval, o *scutum* (escudo) era uma obrigação feudal paga em geral em moeda, embora por vezes também em bens (normalmente cavalos), pelo vassalo ao seu senhor, para que o primeiro pudesse comutar a não prestação de obrigações militares. Embora fosse uma forma absolutamente corriqueira de substituição da prestação de serviço militar pela tributação em dinheiro, a obrigação cobrada pelo rei João para cada escudo (cada homem armado) ultrapassava em muito os valores tradicionais.

do rei João, mas dos Plantagenetas como um todo, revoltaram-se e se colocaram como representantes dos homens livres do reino contra aquilo que percebiam como uma excessiva arbitrariedade do monarca.[2] Embora agissem em interesse próprio, quando se colocaram contra o rei, esses senhores deram um passo inédito na história das instituições ao lançar a ideia de uma "*carta de liberdades*, pela qual os homens dariam a própria vida".[3] Eles pretendiam limitar o poder do monarca via supremacia da lei. João assinou a Carta a contragosto e logo voltaria atrás. Assim que se fortaleceu militarmente, o rei anulou a protoconstituição medieval dos barões em uma manobra que contou, desta feita, com o endosso papal. No entanto, o rei morreria logo em seguida, e a iminente guerra civil entre os barões ingleses (apoiados pelo príncipe Luís da França) e o seu rei foi então cancelada. A Magna Carta fora salva. Ademais, o vanguardismo britânico, rumo à formação de novas relações políticas e institucionais, estabelecera-se.

Séculos mais tarde, em 1689, a *Bill of Rights* confirmaria os direitos e as liberdades de todos os súditos. A lei "punha na ilegalidade toda e qualquer tentativa do monarca de suspender ou rejeitar leis, criar tribunais próprios ou impor novos tributos sem a aprovação do parlamento".[4] Além disso, estabelecia que as eleições para os membros do parlamento teriam de ser livres e que os procedimentos parlamentares estariam submetidos ao exclusivo escrutínio desta instituição. Nesse momento, a supremacia da lei já se impusera *grosso*

---

[2] Esse espírito de liderança do baronato inglês, que se propunha a repartir com o rei os assuntos do reino, ganhou ímpeto durante a longa ausência do rei Ricardo, envolvido nas Cruzadas. Muitas das ideias defendidas na Magna Carta já eram apresentadas nos grandes conselhos dos barões, os quais eram convocados, durante a ausência do rei, para deliberar sobre questões internas ao reino.

[3] Ver Dany Danziger e John Gillingham, *1215: The Year of Magna Carta*. London, Hodder & Stoughton, 2003.

[4] Vesselin Popovski (org.), *International Rule of Law and Professional Ethics*. Farnham, Ashgate Publishing Limited, 2014.

modo sobre a sociedade britânica. Em 1885, o eminente jurista britânico Albert Venn Dicey (1835-1922) formalizou intelectualmente esse longo desenvolvimento histórico na defesa da supremacia da lei como instrumento capital ao pleno exercício do Estado de direito. Embora o parlamento britânico nunca tenha redigido uma carta constitucional, a verdade é que, de forma pioneira, tratava-se de uma sociedade profundamente imersa na sabedoria das convenções entre homens livres. Essa feliz composição entre sociedade de homens livres, respeito à tradição das leis e dos costumes e zelo parlamentar deu à Grã-Bretanha certa vantagem para que pudesse desenvolver (antes de qualquer outra nação) aquilo que Alain Peyrefitte (1925-1999) chamou de "sociedade de confiança".

O vanguardismo britânico, na conquista dos fundamentos da civilização moderna, não parou na igualdade de todos perante a lei, mas foi além, na direção de um notável desenvolvimento de outras áreas. Homens como Roger Bacon (1214-1292), Francis Bacon (1561-1626) e Isaac Newton (1642-1727) representam uma diminuta embora relevante seleção do papel decisivo dos britânicos no despertar da ciência moderna; e se fosse o caso de nomear as contribuições igualmente valiosas de filósofos, economistas, escritores e artistas britânicos, um expressivo contingente de nomes célebres cobriria muitas páginas. Por exemplo, em 22 de maio de 1787 (para citar um caso em geral desconhecido do público brasileiro, embora absolutamente fundamental na conquista da civilização) um grupo de abolicionistas britânicos liderados por Thomas Clarkson (1760-1846) se reunia furtivamente em Londres na criação de um movimento cujo desfecho encerraria a escravidão oficial no mundo ocidental. Em Clarkson tínhamos um homem que acreditava na autoridade moral de suas intenções, na superioridade das suas ideias e na real força do seu movimento contra opositores ferozes e poderosos. Vinte anos mais tarde, em 1807, o parlamento britânico punha o comércio de escravos na ilegalidade; oitenta e um anos depois, em 1888, o Brasil, embora tardiamente tomado pelo ideário abolicionista,[5] também dava um basta à escravidão.

No século XIX, a sociedade britânica alcançou um dinamismo social e uma vitalidade econômica sem precedentes na história. Na década de 1830, o país já contava com quase mil quilômetros de estradas de ferro e, na década de 1850, esse número saltaria para 11 mil quilômetros. O estímulo originado da incorporação do sistema ferroviário e da ampliação do comércio marítimo deu aos britânicos a liderança nas indústrias têxtil, metalúrgica e naval, ao mesmo tempo que os bancos ingleses assumiam o controle das grandes operações internacionais. Portanto, na consolidação dos caminhos da modernidade rumo à sociedade industrial, a Grã-Bretanha congregou uma sociedade em posse de um fortíssimo espírito empreendedor, e foi merecedora, durante muito tempo, do epíteto de "oficina do mundo". Ademais, esse empreendedorismo refletia a confiança interna de uma cultura que consolidara a importante noção, nas relações entre os seus membros, de igualdade de todos perante as leis. Essa garantia (de que as leis e os costumes não seriam arbitrariamente violados pelos poderosos) deu aos britânicos a condição de construir uma sociedade que de fato recompensava as pessoas pelos seus distintos e variados méritos e qualidades. A cultura britânica em muito contribuiu para que o mundo – em suas relações institucionais e comerciais – passasse a valorizar pessoas e dinâmicas que tinham no próprio esforço e engenho, e não na linhagem, o seu maior tesouro. Assim, a antiquíssima hegemonia aristocrática das culturas humanas dava passagem à nova e vibrante cultura burguesa.[6]

---

[5] Vale lembrar que o Brasil foi o último país independente do continente americano a abolir a escravidão.

[6] Não foi, contudo, na Grã-Bretanha, mas sim nos Estados Unidos da América, que o novo paradigma de uma sociedade fortemente calcada na valorização do mérito pessoal encontrou a sua mais plena manifestação, especificamente na consagração do conceito de *self-made men*.

O FIM DE UMA ERA

O passado de impressionante dinamismo institucional, intelectual e comercial dos britânicos já se foi. Nesse sentido, o século XX mostrou-se particularmente amargo com o império em que o sol nunca se punha. Pouco antes da Grande Guerra de 1914, os britânicos já percebiam, com perfeita nitidez, a maior pujança do industrialismo alemão e a maior vitalidade da sociedade norte-americana. Veio a Grande Guerra e, com ela, o inevitável e gradual desmoronamento da hegemonia europeia. No período entreguerras os britânicos ainda viveram a aparência de uma sociedade glamorosa e influente, mas, tão logo terminou a catástrofe da Segunda Grande Guerra, o antigo colosso passou a viver como modesto integrante de um mundo dividido entre duas superpotências.

A derrocada do Império Britânico não significou apenas uma impressionante retração territorial, mas houve, no seio de todo o processo, uma perda não menos sugestiva de valores, referências, ideias e modos de vida. Nesse contexto, alguém poderia dizer que o encolhimento externo foi mero retrato de uma diminuição muito mais profunda. Não que o colapso tenha sido total, uma vez que uma rápida olhada na lista recente de laureados com o prêmio Nobel ainda mostrará uma expressiva quantidade de cientistas britânicos. No entanto, ainda que alguns centros de excelência tenham sobrevivido, o brilhantismo britânico desapareceu ao longo do século XX, e o que restou foi uma ilha cujo principal destaque no noticiário internacional abarca, não poucas vezes, os mexericos associados a uma família real sem quaisquer funções vitais. Da rainha Vitória (1819-1901) à princesa Diana (1961-1997), muita coisa mudou. A sociedade governada por Gladstone (1809-1898) ou por Disraeli (1804-1881) pouco tinha em comum com a de Anthony Blair (1953) ou de David Cameron (1966). Não se trata de lamentar a perda de um império, mas sim de descrever a forma como uma sociedade outrora tão inovadora perdeu vitalidade cultural, iniciativa econômica e dianteira civilizacional.

Uma análise irrefletida poderia supor que na ausência de um império para administrar, os britânicos entediaram-se com a vida e foram cuidar de seus jardins. Mas até mesmo esse passatempo esteticamente prazeroso vem sendo abandonado, e o que se tem hoje é o predomínio de gerações incapazes de recolher o lixo que produzem, descartando-o indolentemente nas ruas e nos gramados. Cuidar de jardins tornou-se um luxo, ou mesmo uma excentricidade. Mas não precisava ser assim, afinal de contas os austríacos também perderam o seu império no século XX, e de forma mais virulenta, uma vez que o perderam numa única guerra e dentro de uma configuração territorial que foi literalmente desmembrada; não obstante, não abandonaram a Áustria, e o país ainda é muito bem cuidado e visivelmente próspero. Dessa forma, uma pergunta mais direta seria: o que aconteceu com a formidável cultura que construiu e administrou "o milagre britânico"? A resposta é longa, uma vez que muitas coisas aconteceram. Ademais, penso que caberia aos britânicos respondê-la.

Todavia, a história não se limita aos grandes acontecimentos. Aproximar-se dela por outros meios é igualmente valioso. As narrativas das pessoas comuns compreendem um aspecto central da história, que tem de ser avaliado por meio daqueles que viram, ouviram e sentiram as transformações em suas vidas diárias. O acesso aos registros contábeis, às sentenças dos juízes e às deliberações de governantes e parlamentares revela apenas um lado da história. Portanto, é necessário estabelecer contato com a vida e a história das pessoas comuns, perscrutando os seus anseios e suas decepções.

Talvez, um médico psiquiatra seja a pessoa mais apropriada para realizar essa tarefa, pois, em princípio, ele atuaria no *front* mais difícil de uma sociedade, ao ministrar o seu conhecimento para aliviar a dor de vidas repletas de falsos anseios, desvios e muitas decepções. Assim, um psiquiatra atento, honesto e intelectualmente bem preparado poderia diagnosticar as dores psíquicas e os conflitos morais de uma sociedade, desde que ele se dedicasse a enfrentar o desafio. O que diria então um psiquiatra comprometido com tamanha tarefa?

É fato que minha experiência pessoal se limita a isso – uma experiência pessoal. Reconhecidamente, avalio o mundo social de minha cidade e de meu país sob um ponto de vista peculiar e largamente excepcional: o de uma prisão e da enfermaria de um hospital, onde quase todos os pacientes tentaram se matar, ou ao menos cometeram atitudes suicidas. Mas isso não representa uma pequena ou desprezível experiência pessoal, e cada um dos milhares de casos que testemunhei me abriu uma janela para o mundo no qual vivem essas pessoas [...] Embora minha experiência pessoal não compreenda, absolutamente, um guia completo da realidade social, os dados históricos certamente corroboram as minhas impressões. (DALRYMPLE, 2015)

Dessa forma, o médico psiquiatra e escritor inglês Anthony Daniels (1949), conhecido literariamente como Theodore Dalrymple, o pseudônimo que o identificará durante a maior parte deste trabalho, vem em nosso auxílio à pergunta lançada: o que teria acontecido com a cultura que construiu e administrou o milagre britânico? Como já mencionado, a resposta é longa e – mais importante – ela não envolve somente os britânicos, mas sim a cultura e a civilização ocidentais como um todo.

As culturas humanas, mesmo quando integradas no meio de formidáveis blocos criadores de unidade cultural, aos quais damos o nome genérico de civilizações, são relativamente frágeis. Um pequeno "incêndio" cultural no interior de uma instituição chave pode crescer e carbonizar, com rapidez, o tecido social de uma comunidade aparentemente sólida.[7] Um único movimento político ou religioso, desde que suficientemente obstinado e carismático, pode alterar profundamente

---

[7] "Uma cultura é algo muito frágil e o delicado equilíbrio de sua estrutura social é arruinado assim que os limites espirituais são rompidos e os membros, individualmente, perdem a fé na validade e eficiência dessa ordem moral." In: Christopher Dawson, *A Formação da Cristandade: Das Origens na Tradição Judaico-Cristã à Ascensão e Queda da Unidade Medieval*. São Paulo, É Realizações, 2014.

o quadro moral e institucional de uma civilização. Em si mesma, trata-se de uma realidade desprovida de implicações positivas ou negativas, na medida em que revela apenas a debilidade constitutiva das instituições humanas, diante da imprevisibilidade das eras. A história nos oferece o vivo testemunho dessa fragilidade.

Quando a rainha Vitória celebrou o jubileu de diamante de seu reinado em 1897, no cume da mais espetacular época britânica, os convidados jamais conseguiriam antecipar as tremendas alterações que se avizinhavam para o século seguinte. No entanto, os embriões da calamidade já cresciam em ritmo acelerado. Na ocasião, houve uma impressionante parada da Marinha Real de Guerra de Sua Majestade, uma frota que contava com 165 navios de guerra e que se estendia por quase 50 quilômetros. Ao contemplar e invejar tão magnífica demonstração de poderio naval, a delegação alemã, presente na festa, ficou convencida de que teria de trabalhar árdua e rapidamente para equiparar a sua frota ao poderio britânico. No ano seguinte, em 1898, a Alemanha, sob o entusiasmo militarista do *kaiser* Guilherme II (1859-1941), aprovaria a primeira de suas cinco Leis Navais, cujo intuito era construir uma frota de guerra que superasse o poderio britânico. A competição entre Grã-Bretanha e Alemanha pela supremacia naval compreenderia, então, o primeiro capítulo da trágica história política europeia da primeira metade do século XX. O tônus bélico das potências europeias mascarava uma crescente fragilidade: a Europa perdera-se na soberba dos nacionalismos e na cupidez da corrida colonial. A antiga unidade da civilização europeia perdia os seus últimos e já desgastados anteparos para se entregar aberta e indiscriminadamente à rivalidade militar.

Na abertura do século XX, já não havia mais equilíbrio de poder em nenhum lugar: somente um desequilíbrio que favorecia a Alemanha no teatro europeu e outro que favorecia a Grã-Bretanha no contexto colonial. Entre 1900 e 1914, com a expansão do poderio marítimo-militar e marítimo-comercial alemão, de um lado, e a adesão da Grã-Bretanha ao sistema continental de alianças militares, de outro, principiou-se uma grande disputa cujo desfecho seria a capacidade ou não de uma Alemanha já regionalmente superior ampliar o seu poderio naval a fim de desbancar a supremacia inglesa nos oceanos. (THOMPSON, 1990)

No período decisivo desse processo, que obviamente integrou outras potências e atores regionais, tivemos o grande conflito mundial, o qual encaminhou o segundo grande conflito, o maior que a humanidade testemunhou, cujo desfecho fundou o mundo polarizado do pós-guerra. Ao apagar das luzes, britânicos e alemães tiveram de aceitar a formação de um cenário internacional dominado por outros agentes: os Estados Unidos e a União Soviética. Contudo, para além das questões geopolíticas, as guerras mundiais revelaram o ocaso de uma cultura cujo centro de gravidade, a Europa ocidental, foi dramaticamente esvaziado ao longo do século XX.

Nesse quadro de perdas, a Grã-Bretanha talvez tenha sofrido de modo especialmente doloroso, pois diferentemente da França (já em antigo e arrastado processo de decadência) e da Alemanha (cujo febril anseio de glória foi rapidamente abortado no bojo de crimes terríveis), o país teve de lidar com a frustração de se ver subitamente incapaz de competir em um mundo dominado por dinâmicas que não mais conseguia acompanhar com eficiência.

Em julho de 1945, eleições gerais no Reino Unido deram a vitória a Clement Attlee (1883-1967). Churchill (1874-1965), o grande herói da resistência britânica (e mundial) contra o avanço nazista, viu-se então obrigado a ceder sua participação nas negociações da Conferência de Potsdam ao seu recém-empossado sucessor. Por si só, esse pequeno fato exprime o rompimento com toda uma época: o aristocrata guerreiro, no caso um herói nacional como Churchill, era democrática e legitimamente substituído, para que o reformista social pudesse promover as restruturações que colocariam a Grã-Bretanha na realidade do pós-guerra. Mesmo que vitoriosa do ponto de vista militar, a Grã-Bretanha perdia conexão orgânica com o seu passado recente, ao mesmo tempo que capitulava diante das exigências ideológicas do reformismo pós-guerra. A política se profissionalizava com rapidez, e a antiga aristocracia, que se dedicara à arte da governança, retirava-se para que a Grã-Bretanha também pudesse ingressar, embora tardiamente, na democracia de massa de nossos tempos. Encerrava-se toda uma era repleta de grandes conquistas, embora igualmente saturada de enormes equívocos. Os britânicos deixavam o vitorianismo para trás e mergulhavam nos reformismos defendidos por uma nova categoria de governante: o político profissional. A cultura aristocrática de homens cultivados cedia à casta dos progressistas e dos reformadores.

Em 1949, o inglês Eric Arthur Blair (1903-1950), mais conhecido como George Orwell, lançava o seu célebre *1984*, no qual uma sociedade controlada pela burocracia totalitária de impiedosos reformistas sociais (e o livro expressava uma crítica explícita ao stalinismo da época) forjava o inferno de existências absolutamente opacas e mecanizadas. A distopia de Orwell não só denunciava a sovietização de uma expressiva parcela do mundo, mas também revelava o profundo pessimismo que se abatera sobre a sociedade britânica do pós-guerra.

Apesar de vitoriosa nas duas guerras mundiais, a Grã-Bretanha perdera fé em si mesma. Esse não é um dado desprezível, quando o contrastamos com outros ambientes da época, os quais haviam sofrido perdas muito mais sérias. A Alemanha, absolutamente destroçada tanto do ponto de vista material quanto moral, reergueu-se, em sua porção ocidental, com impressionante rapidez. A França, humilhada em 1940, voltou aos seus tradicionais papéis de potência regional e centro internacional de cultura. A Rússia, cujas perdas humanas durante a guerra nunca se viram antes na história do mundo, ressurgia como superpotência. O Japão se reergueria em posse de uma formidável vitalidade econômica e tecnológica. Por que os britânicos, os únicos entre os países citados que não haviam sofrido terríveis invasões, e que tampouco haviam sido derrotados incondicionalmente, abandonaram tão rápida e abruptamente o seu passado? No livro de Orwell, a outrora gloriosa e imperial nação inglesa tem o seu nome alterado para Pista nº 1, como se a antiga Londinium e seus arredores tivessem as suas raízes históricas para sempre cortadas e nada mais restasse a não ser o mundo cinzento e a *novilíngua* dos planejadores sociais. A descrição ficcional de Orwell sugere que o solapamento das tradições e das antigas rotinas de vida foi mais acentuado na Grã-Bretanha do que em outros lugares da Europa livre.

Dalrymple confirma a pertinência do pessimismo distópico inglês.

> Não é de se estranhar que os dois maiores distópicos literários, Huxley e Orwell, fossem ingleses. Ser um inglês no século XX significou respirar num clima de incessante pessimismo. Foi um período caracterizado por um continuado declínio nacional. De grande potência mundial, no início do século, a Inglaterra terminou-o como mera província, lutando para acompanhar o ritmo de países como a Bélgica e a Holanda [...] Parecia, a ambos [Huxley e Orwell], que a terra natal deles não tinha mais energia intelectual, cultural e moral suficiente para traçar seu próprio destino histórico, presa e sob forças contra as quais o indivíduo poderia apenas lutar em vão. (DALRYMPLE, 2015)

Trata-se de uma caracterização um tanto quanto negativa da própria terra natal, e não se tem aqui as reflexões de um sujeito sem amor à pátria. Talvez, o que se tenha seja justamente o oposto: alguém que lamenta a perda de determinados sentimentos e afiliações junto ao lugar onde se vive. Assim, um longo argumento sobre o tema do abandono perpassa a obra de Dalrymple. A Inglaterra foi abandonada, sem dúvida. Mas de que forma e por quem? Ademais, o autor aprofunda a questão ao suscitar que esse abandono foi mais amplo, pois, de fato, cultura e civilização foram abandonadas. A Inglaterra seria apenas um caso particularmente grave dentro de um quadro mais geral de prolongado abandono civilizacional. Dalrymple nos sugere que tamanho descaso envolveu algo ainda pior: uma traição. Mais do que mero abandono causado por cansaço e desgaste naturais, houve, no caso da cultura britânica, e mesmo do Ocidente, uma sabotagem, o que indica, por sua vez, a atuação de grupos ideologicamente motivados, cujo compromisso de mentir, subverter e desinformar teve como alvo principal a própria ideia de civilização.

O QUARTO PODER

Em 1841 Thomas Carlyle (1795-1881) atribuiu a popularização do termo "quarto poder" a Edmund Burke (1729-1797), embora hoje se saiba que Burke nunca usou o termo. Segundo o autor Slavko Splichal, é muito provável que Carlyle tenha obtido a referência ao termo de outro historiador: Thomas Macaulay (1800-1859). Realmente, em seu ensaio de 1828, intitulado *Hallam's Constitutional History*, Macaulay caracteriza os repórteres como um grupo indispensável para uma devida apreciação dos poderes, "um quarto poder do reino".[8]

Macaulay foi um ferrenho defensor da ideia de civilização. No seu caso, o termo significava sobretudo a hegemonia cultural europeia, na época encabeçada pela Grã-Bretanha, contra o que ele entendia como os "barbarismos" dos modos de vida dos povos da África, Ásia, Oceania e Antilhas, parte dos quais vivia sob a tutela e o domínio do Império Britânico. Nesse ponto, Macaulay endossava a cosmovisão mais

---

[8] "A galeria dos repórteres tornou-se um quarto poder do reino. A publicação dos debates [da Casa], que parecia ao mais liberal estadista da velha escola uma prática repleta de perigos, no tocante às garantias da liberdade pública, é agora vista por muitas pessoas como uma garantia equivalente, e até mesmo superior." In: Thomas B. Macaulay, *Hallam's Constitutional History*. Edinburgh, Edinburgh Review, 1928.

comum de sua época, descontando-se os diversos alinhamentos político-ideológicos das elites intelectuais europeias. Por exemplo, Marx (1818-1883), embora integrasse um espectro político absolutamente distinto, defendia posicionamentos semelhantes ao de Macaulay, no tocante aos supostos "povos atrasados". Ambos favoreciam a imposição da modernidade europeia (sua força civilizadora, sua ciência e sua indústria) frente às relações tribais, patriarcais e feudais de povos que eram tidos como atrasados.

> [...] Meu pai – um comunista convicto – encorajava-me a ler as obras de G. A. Henty, histórias de aventura do final do século XIX que exaltavam as explorações dos homens que formaram o império [britânico], os quais por bravura, caráter inflexível, inteligência superior e força maior superaram a resistência de povos valorosos, mas condenados, como os zulus e os *fuzzy-wuzzies* [os hadendoas da Núbia]. Henty pode parecer uma escolha literária um tanto quanto estranha para um comunista, mas Marx era, ele próprio, um grande imperialista, e acreditava que o colonialismo europeu fosse um instrumento de progresso em direção ao feliz desenlace da história; somente num estágio posterior, depois que tivesse realizado o seu trabalho progressista, o império devia ser condenado. (DALRYMPLE, 2105)

Nessa época, a sociedade europeia dominava dois terços do mundo. Do ponto de vista comercial e cultural, ela o dominava quase por completo. A era de Macaulay e de Marx, durante a qual a Europa ocidental representava o centro do universo, já se foi há muitos anos. Para o caso deste estudo, importa saber que o seu fim alterou a compreensão que se tem de cultura e de civilização. No transcorrer desse notável processo de mudança nas mentalidades, a tragédia de 1914 elevou o tom e o prestígio dos intelectuais ocidentais frente a seus governos. De forma progressiva, as agendas dos governos do Ocidente foram submetidas ao crivo da opinião pública organizada pelos intelectuais e por seus agentes, aumentando substantivamente a magnitude daquilo que Macaulay identificara como "um quarto poder do reino".

O quarto poder cresceu de forma impressionante nos últimos cem anos. Hoje em dia, esse poder não se restringe ao universo dos repórteres que frequentavam o parlamento e transcreviam as deliberações, os pronunciamentos e os debates dos lordes e dos comuns. A sua força ultrapassou os limites da imprensa escrita e conquistou novos territórios de expressão e de comunicação. O quarto poder se transformou em "setor midiático". O impacto que esse poder tem hoje sobre as decisões político-administrativas das nações é incalculável. Voltemos às considerações de Dalrymple:

> Em sua famosa passagem de *As Consequências Econômicas da Paz*, John Maynard Keynes escreveu que os homens práticos talvez não tenham muito tempo para as considerações teóricas, mas, de fato, o mundo é governado por nada menos que ideias ultrapassadas ou mortas de economistas e filósofos sociais. Concordo com ele, mas apenas acrescentaria à lista os romancistas, dramaturgos, diretores de cinema, jornalistas, artistas e até mesmo cantores populares. São eles os legisladores invisíveis do mundo, e devemos prestar muita atenção àquilo que dizem e como dizem. (DALRYMPLE, 2015)

Em seu livro os *Intelectuais e a Sociedade*, o economista norte-americano Thomas Sowell (1930) defende o mesmo posicionamento. Sowell salienta o peso que os intelectuais – as suas ideias – exercem sobre a opinião pública e, consequentemente, sobre as políticas públicas, "pessoas cujas palavras e ideias influenciaram largamente a criação de uma atmosfera geral de opinião, influenciando em muito as decisões de peso que afetam toda a sociedade" (SOWELL, 2011). Portanto, é possível identificar o quarto poder de nossa época como um imenso agregado intelectual-jornalístico-artístico cujos inúmeros canais de comunicação disseminam ideias, valores, comportamentos e sensibilidades, os quais mais cedo ou mais tarde compreenderão parte da cosmovisão de uma sociedade, ou mesmo de muitas sociedades. A ideia que se tem hoje de cultura e de civilização foi largamente forjada no interior desses canais.

No universo das sociedades livres, os diversos agentes do quarto poder, incluindo o meio editorial e jornalístico, operam conteúdos que fomentam ou obstruem, a depender do caso, a disseminação de determinadas ideias. Em sociedades politicamente livres, esses agentes não são unívocos, justamente por gozarem de liberdade de expressão. Todavia, a garantia de liberdade de expressão não impede que linhas hegemônicas de pensamento possam florescer, e de fato elas se desenvolvem com notável rapidez. Uma vez acantonadas nos quadros institucionais do quarto poder, as correntes ideológicas dominantes pressionarão o conjunto da sociedade (e principalmente a classe política), para que as ideias e os valores por elas favorecidos sejam reforçados ainda mais. Formar-se-ão linhas que, em seu conjunto, indicarão os caminhos morais e simbólicos das gerações. Assim, em uma era largamente submetida aos canais do quarto poder, um único agente poderá ser capaz de produzir enormes efeitos, cujas consequências afetarão o destino de populações inteiras, desde que ele esteja amparado pelas correntes dominantes.

A história profissional do jornalista inglês Walter Duranty (1884-1957) atua, nesse contexto, como modelo paradigmático. Em sua notória e posteriormente famigerada carreira como jornalista, Duranty foi capaz de ludibriar, durante anos, a opinião pública ocidental e os governantes do Ocidente, em relação às reais políticas stalinistas da época. Embora tenha caído em desgraça no período final de sua carreira, e os seus últimos anos tenham sido marcados pelo alcoolismo, a solidão e o desemprego,[9] em vida Duranty recebeu a mais alta honraria

---

[9] Após a sua morte, Duranty recebeu a alcunha de desonesto e vendido, e foi caracterizado posteriormente como "protótipo do jornalista desonesto". In: Sally J. Taylor, *Stalin's Apologist: The New York Times' Man in Moscow*. New York, Oxford University Press, 1990.

do jornalismo ocidental: o Pulitzer. Ele foi laureado com o prêmio em 1932. Na época, trabalhava como correspondente do *New York Times* em Moscou e era visto, pela classe jornalística e pelos *bien pensant*, como a maior autoridade do Ocidente em União Soviética. As mais prestigiadas portas da imprensa, da academia e das belas-artes lhe eram facilmente acessíveis. Em seu livro sobre a vida de Duranty, a autora Sally J. Taylor apresenta o seguinte questionamento:

> Na medida em que a real magnitude do evento começou a emergir [o Holodomor – o genocídio de milhões de ucranianos e de caucasianos pela fome entre 1932 e 1933], as gerações seguintes começaram a se perguntar como tudo aquilo fora ocultado e por que o público norte-americano não fora informado. Como foi que Stalin conseguira ocultar o pior desastre perpetrado pelo homem na história moderna, no qual algo em torno de dez milhões de pessoas, entre crianças e mulheres, haviam sido deliberadamente privadas de qualquer alimento para que morressem de fome, como punição pela recusa de se conformarem aos planos stalinistas de coletivização forçada? (Taylor, 1990)

No entanto, o maior constrangimento para o Ocidente, tendo-se em vista o inegável sucesso das correntes de desinformação da época, é o fato de o público ocidental ter sido informado, embora por outras fontes, sobre o que ocorria na Ucrânia. Em 1933, os correspondentes William Stoneman (*Chicago Daily News*), Ralph Barnes (*New York Herald Tribune*), Malcolm Muggeridge (*Manchester Guardian*) e sobretudo Gareth Jones publicaram artigos devastadores sobre a real situação das populações ucranianas e caucasianas. Por exemplo, entre 29 e 31 de março de 1933, as imprensas norte-americana e britânica divulgaram, em diversos artigos, os relatos de um jovem correspondente chamado Gareth Jones. Esse notável repórter galês aprendera a falar fluentemente o russo e cruzou de mochila a Ucrânia e outras regiões da então União Soviética. Ele visitou a pé os vilarejos e os campos mais afetados pelas expulsões e coletivizações de Stalin, e pôde conversar diretamente com as pessoas comuns. Em suma, Jones se dirigiu ao centro do problema. No dia 30 de março de 1933, o *Daily Express* de Londres publicava uma sarcástica manchete, baseada nos relatos que Jones divulgara na conferência de imprensa que dera no dia anterior em Berlim (após ser expulso da URSS): "Milhões Passando Fome na Rússia. 'Não Há Pão, Estamos Morrendo'. 'Fiquem Tranquilos' Diz o Embaixador Soviético, Referindo-se aos Presos da Metropolitan-Vickers".[10] No dia seguinte, em 31 de março de 1933, *The London Evening Standard* punha em destaque: "A Fome Graça na Rússia. O Plano Quinquenal [de Stalin] Destruiu o Fornecimento de Pão". Como não poderia deixar de ser, a resposta de Duranty veio de imediato. Em 31 de março, o então laureado Duranty, que na época residia confortavelmente em Moscou e cujas viagens eram sempre supervisionadas – e aprovadas – pela burocracia soviética, responde ironicamente aos "contos de terror" de Gareth, em seu artigo no *New York Times*: "Os Russos Estão Com Fome, Mas Não Estão Morrendo de Fome". Nesse artigo, Duranty criou a frase que definiria para sempre – e com absoluta precisão – a real natureza dos regimes totalitários, quando impulsionados por utopias:

> Mas – colocando a coisa de forma nua e crua – *não é possível fazer uma omelete sem quebrar alguns ovos*, e os líderes bolcheviques são por vezes indiferentes às baixas no processo rumo à implantação da sociedade socialista, da mesma forma que eram indiferentes os generais durante a Guerra Mundial, quando ordenavam um ataque que custaria muitas vidas. Agiam dessa forma para mostrar aos seus

---

[10] A referência é o julgamento "Metro-Vickers", no qual engenheiros e técnicos dessa empresa britânica foram processados pelo governo soviético. As pessoas eram acusadas pelo regime stalinista de espionar e sabotar a economia russa para favorecer os interesses da Grã-Bretanha. Na verdade, tratou-se de mais um arbitrário e absurdo julgamento coletivo da era Stalin.

superiores que a sua divisão possuía um verdadeiro espírito de corpo […] Resumindo, as condições estão ruins em algumas regiões – na Ucrânia, norte do Cáucaso e no Baixo Volga. O resto do país vive racionado, nada mais que isso. Essas condições são difíceis, porém não há fome generalizada.

A mendacidade do texto de Duranty é hoje notória. No entanto, a parcela mais influente da classe política e intelectual do Ocidente endossou, em linhas gerais, a posição de Duranty, a qual foi considerada moderada, realista e equilibrada, uma vez que defendia a integridade de uma visão que desfrutava da mais alta estima junto às elites intelectuais e jornalísticas. Afinal de contas, Duranty fora o primeiro jornalista ocidental a conseguir uma entrevista exclusiva com Josef Stalin (1879-1953).[11] Quando o ministro das Relações Exteriores de Stalin, Maxim Litvinov (1876-1951), viajou aos Estados Unidos para selar o acordo de reconhecimento diplomático no final de 1933, com o então presidente Franklin D. Roosevelt (1882-1945), Walter Duranty acompanhou Litvinov e foi efusivamente saudado por delegados e agentes russos durante um jantar no Waldorf-Astoria em Nova York. Portanto, não restam dúvidas de que Walter Duranty atuou deliberadamente na construção de uma imagem idealizada e sobretudo falsa do regime stalinista, e que isso lhe trouxe inúmeros e raros privilégios. Por outro lado, Gareth Jones, aquele que tivera a coragem de dizer o que de fato ocorria na URSS sob o regime stalinista, foi sistematicamente perseguido e vilipendiado, tanto pela classe jornalística quanto pela intelectualidade. Sidney e Beatrice Webb escreveram um volumoso embora equivocado livro sobre a União Soviética, no qual o testemunho de Gareth Jones

---

[11] "Duas exclusivas entrevistas com o recluso ditador deram a impressão de um Duranty íntimo de Stalin. A primeira entrevista foi concedida em 1930, após uma solicitação do próprio Duranty; a segunda, um convite de Stalin, no Natal de 1933 – uma provável recompensa pela participação de Duranty nos esforços pelo reconhecimento diplomático da URSS pelos EUA." (TAYLOR, 1990)

era desqualificado. Pior ainda, houve um esforço geral da imprensa para que se relativizasse a gravidade da situação. Surgiram, então, diversos eufemismos que atenuavam de forma irresponsável as consequências catastróficas das políticas stalinistas. Por exemplo, no jargão da imprensa progressista da época, o termo "fome" foi substituído por "escassez de alimentos" e "morrer de fome" tornou-se "morte por doenças ligadas a uma nutrição deficiente". Consequentemente, Jones foi afastado das coberturas políticas e conheceu o ostracismo jornalístico por dois anos. Ao reiniciar as suas coberturas políticas em 1935, quando o seu prestígio já sentia uma devida recuperação em face à inevitabilidade dos fatos e dos relatos dos fugitivos, os quais se avolumavam, ele foi sequestrado na China e assassinado na Mongólia, em circunstâncias absolutamente misteriosas.

Assim sendo, pergunta-se até que ponto a desinformação promovida por Walter Duranty e seus associados contribuiu para agravar o terrível destino das populações perseguidas por Stalin, principalmente os *kulaks* e os ucranianos. Além disso, pergunta-se também até que ponto esse trabalho de desinformação influenciou a forma como o regime stalinista foi compreendido e recebido no Ocidente. O que teria acontecido caso Gareth Jones tivesse recebido o apoio e o reconhecimento que recebeu Duranty? E se fosse Gareth Jones o homem a ganhar o prêmio Pulitzer? Como teriam então se comportado os governos e as sociedades das nações livres do Ocidente? Obviamente, com a exceção das duas primeiras, o que se tem aqui são perguntas retóricas, uma vez que Gareth Jones nunca teria recebido um Pulitzer naquela época, da mesma forma que parte da Igreja do século XVII não poderia dar razão a Galileu, na medida em que grassava um ambiente ideológico que obstruía a busca da verdade. Hoje sabemos que Jones estava certíssimo, e que o Holodomor, com seus dez milhões de mortos, foi um dos maiores genocídios do século XX, superando inclusive, em número de vítimas fatais, o genocídio hitlerista contra o povo judeu.

Esse pequeno levantamento histórico envolvendo Walter Duranty e Gareth Jones[12] revela-nos a impressionante força de um quarto poder crescentemente dominado por especialistas da informação (e certamente da desinformação), da comunicação e do entretenimento. De fato, o século XX deu amplo testemunho do poder dos jornalistas, artistas e escritores na composição do ambiente mental responsável pela formação pública de opiniões. Consequentemente, os setores ideológicos mais marcadamente autoritários passaram a ambicionar, de forma crescente, o controle da mídia, e as nações que se viram sujeitas aos desmandos de governos ditatoriais tiveram as suas imprensas e canais de mídia sequestrados pelo aparelhamento político da sociedade, como aconteceu na União Soviética, na Alemanha nazista, em Cuba, na China, na Itália fascista, etc.

Por outro lado, no cenário diverso das nações livres, a disputa pela hegemonia cultural via controle midiático assumiu características mais sutis e profundas. Por exemplo, os pais de Malcolm Muggeridge, um dos poucos jornalistas ingleses que na época do Holodomor denunciaram o genocídio stalinista na Ucrânia, eram socialistas fabianos. A influente socialista fabiana Beatrice Webb (tia de Muggeridge) não hesitou em desqualificar as reportagens de Muggeridge sobre o que ocorria na URSS. Assim, mesmo um jornalista respeitado e temido por sua verve, como era o caso de Muggeridge, tinha de enfrentar uma obstinada oposição ideológica da elite intelectual britânica, que na época era dominada *grosso modo* pelos socialistas fabianos e pelo grupo Bloomsbury, ou seja, pelos Webb e pelos Woolf. Há, aqui, um ponto muito importante em nossa reflexão: abaixo do quarto poder – mais precisamente em sua base de pensamento – existem grupos extremamente ativos do ponto de vista intelectual e acadêmico, cujas

---

[12] Surpreende-me que Hollywood, sempre tão ciosa em denunciar injustiças e fazer as devidas reparações históricas para com os heróis solitários e esquecidos, principalmente os que foram massacrados pelo *establishment*, nunca tenha feito uma boa produção sobre a vida de Gareth Jones.

ideias, visões e paradigmas influenciam diretamente (e de forma decisiva) os escalões superiores e intermediários do quarto poder: editores, diretores, articulistas, jornalistas, apresentadores, atores, artistas, etc. Essa base de pensamento comporta uma elite intelectual cujo ideário contagia todos os segmentos. Consequentemente, esse ideário, por meio dos vários setores intermediários que compreendem o universo do quarto poder, torna-se capaz de se estender até as camadas mais simples. Em *Os Intelectuais e a Sociedade*, Sowell diz:

> O impacto gerado pela atividade intelectual independe do fato de os intelectuais serem reconhecidos ou não como "intelectuais públicos" [...] Alguns dos livros que causaram mais impacto no século XX foram lidos por poucos e compreendidos por um público ainda mais exíguo. Estou falando, por exemplo, dos trabalhos de Karl Marx e de Sigmund Freud, os quais foram escritos no século XIX. Porém, as conclusões desses escritores inspiraram um vastíssimo contingente de intelectuais e, por intermédio dos últimos, alcançaram o grande público. A alta reputação que esses trabalhos conquistaram inflamou a confiança de muitos seguidores, os quais, em grande parte, não chegaram a dominar as obras, e nem sequer se esforçaram para tal. (SOWELL, 2012)

Os mandarins do intelecto e dos altos cargos midiáticos passaram a influenciar parte expressiva da opinião pública ocidental. A influência de seus produtos intelectuais não se limitou ao universo das opiniões, mas alcançou a esfera dos valores e dos comportamentos.

Voltemos, então, à nossa discussão acerca do abandono e da traição, aos quais, segundo Dalrymple, a nossa cultura e civilização foram submetidas. Nem todos a abandonaram e a traíram, certamente. George Orwell, em *A Revolução dos Bichos* [Animal Farm], livro publicado em 1945, não se esqueceu dos esforços de Gareth Jones e o homenageou como fazendeiro Jones, segundo a excelente análise de Nigel Linsan Colley. Orwell teria percebido a importância vital de Jones na história recente do século XX ao ler *Assignment in Utopia* [Compromisso com a Utopia] de Eugene Lyons (1898-1985).

O embate titânico entre autores, pensadores e jornalistas revela alinhamentos que podem ser claramente definidos. Nesse contexto de acirrada luta intelectual, Dalrymple integra os quadros de uma tradição disposta a defender a ideia de civilização. Uma ideia que se opõe à barbárie dos intelectuais revolucionários. Dalrymple segue o exemplo de Orwell, quando sai em defesa de uma ideia mais profunda de civilização. Nessa perspectiva, contempla-se a incontornável fragilidade de existências mais livres e prósperas: vidas em civilização. A preciosidade da vida em civilização é então exasperada frente à imemorial animalidade humana: "O animal triunfa sobre o humano quando leis e instituições se tornam muito frágeis" (DALRYMPLE, 2015). Assim sendo, Dalrymple se aproxima de Orwell, embora, nesse caso específico, o primeiro se refira às conclusões de outro autor: William Shakespeare (1564-1616). Logo, temos uma longa e distinta tradição britânica de autores e jornalistas, os quais enxergaram o homem, a cultura e a civilização de forma particular e integrada. Um tesouro que não pode ser deixado ao sabor dos ventos revolucionários. É nesse contexto intelectual e cultural que devemos situar a obra e o pensamento de Theodore Dalrymple.

CULTURA E CIVILIZAÇÃO

Em 1949 o historiador galês Christopher Dawson (1889-1970) escreveu um artigo, publicado no *The Month*, no qual fazia uma análise cuidadosa do conceito de cultura em "Notas Para Uma Definição de Cultura" de T. S. Eliot (1888-1965). Sabemos que Eliot foi profundamente influenciado pela historiografia e pelo pensamento de Dawson e, em seu artigo, o último analisa e reorganiza as conclusões do primeiro. Dawson introduz uma explicação clássica sobre os distintos matizes associados ao conceito de cultura.

> Faz oitenta anos que Matthew Arnold saiu em defesa da cultura contra os filisteus, representados, na época, por John Bright, Frederic Harrison e o *Daily Telegraph*. Na época, o próprio termo "cultura" soava estranho, e, quando John Bright o descreveu como "as banalidades de duas línguas mortas" [o grego e o latim], provavelmente expressava as visões do inglês médio. Hoje [1949], a situação mudou completamente. A palavra não é apenas aceita, ela foi adotada pelos planejadores e pelos políticos, tornou-se parte da linguagem internacional ou mesmo dos jargões publicitários e das controvérsias ideológicas [...] Pois, assim como Arnold, Eliot está defendendo o que é comumente descrito como "valores espirituais" de nossa tradição ocidental, contra a degradação e o achatamento de que é vítima. Os filisteus de Matthew Arnold, que negavam o valor da cultura, estão hoje representados pelos antagonistas de Eliot, os quais usam a palavra "cultura" como expressão genérica que cobre, convenientemente, todas as atividades sociais não economicamente subordinadas, mas que têm de ser incluídas na organização de uma sociedade planejada. [Além disso], Eliot adotou o conceito sociológico moderno de cultura, significando o modo de vida comum de um povo em particular, baseado numa tradição social que se expressa em suas instituições, em sua literatura e em sua arte. [...] De fato, a degradação moderna que o termo sofreu nas mãos de políticos e publicitários, dos quais Eliot reclama com justiça, responde pela degradação do antigo ideal aristocrático individualista de cultura literária, tendo pouco ou nada a ver com o moderno conceito sociológico de cultura, entendido como o princípio da unidade e da vida social. (DAWSON, 2010)

Segundo Dawson, haveria uma significativa diferença entre a visão sociológica (e genérica) de cultura, entendida como um agregado moralmente neutro de saberes e de modos de vida, e a visão de Eliot. Para o último, o conceito de cultura é visto como um modo de vida balizado por altos investimentos artísticos, intelectuais e espirituais. É uma visão de cultura impregnada de *alta* cultura. Nessa perspectiva, o refinamento moral e as mais altas realizações artísticas e intelectuais compreendem os principais modelos da cultura como um todo. Com certeza, ao adotar essa compreensão, Eliot defendia certas tradições da cultura ocidental contra o achatamento promovido pela moderna sociedade de massa e a sua ordem mecanizada.

Notem que, nesse momento, a defesa da cultura e da civilização não mais desqualificava a vida de povos externos à tradição europeia e ocidental,[13] mas integrava o âmbito de uma luta de resistência contra a atomização da sociedade e contra o respectivo abandono de uma tradição de excelência. Assim, ao sair em defesa da alta cultura, Eliot expressava a sua inquietação em relação à fragmentação interna da ordem civilizacional. O problema se tornara interno à própria cultura do Ocidente. Encerrara-se, em definitivo, a ideia de uma Europa que pela ciência e pela indústria redimiria a vida dos povos. As guerras mundiais haviam implodido a falsidade dessa visão. Agora, a questão seria perceber a existência de uma profunda conexão entre excelência artística, refinamento moral e sabedoria espiritual, cuja manutenção seria vital para preservar a cultura e a civilização ocidentais.

Theodore Dalrymple nasceu em 1949, no mesmo ano em que Dawson escreveu a sua crítica ao ensaio de Eliot sobre uma definição de cultura. Creio que, em boa medida, Dalrymple tenha herdado a missão de Eliot ao sair em defesa da cultura ocidental contra a deterioração interna. Não obstante, Dalrymple não se comporta como

---

[13] "Temos de admitir, ao compararmos as civilizações entre si, e ao compararmos os diferentes estágios que compreendem a nossa própria civilização, que nenhuma sociedade, em época nenhuma, conseguiu realizar todos os valores da civilização." T. S. Eliot, "Notes Towards the Definition of Culture". In: *Christianity and Culture*. New York, Harcourt, Inc., 2001.

um saudosista, e a defesa que ele faz da cultura independe de um império constituído, tampouco se conecta diretamente às façanhas tecnológicas e científicas do Ocidente, ainda que seja uma cultura geradora de civilização. Para ele, o termo civilização assume um significado sobranceiro, como em Eliot, tornando-se sobretudo uma referência espiritual, que se forma a partir do refinamento cultural e da elevação moral. Portanto, trata-se de um conceito de civilização que supera o mero sentido de sociedades urbanizadas, letradas e burocratizadas. A defesa que Dalrymple faz da ideia de civilização não se associa diretamente à pluralidade histórica das diversas civilizações, mas sim à ideia moderna de vida em civilização, em seu processo de preservar e criar saberes especialmente favoráveis ao pleno desenvolvimento das potencialidades humanas. Para Dalrymple, o modo civilizacional manifesta a condição única de culturas que souberam atingir um alto grau de excelência intelectual e de refinamento moral, a partir da perspectiva libertadora da pessoa humana. Essa composição ofereceu a milhões de indivíduos uma condição única na história: eles puderam colher os frutos maduros de suas próprias conquistas internas e pessoais.

Não obstante, esse modo de vida em civilização é uma realidade frágil em face à recorrente brutalidade dos tempos e à natural violência dos homens. Dalrymple inicia o seu livro sobre o problema da degradação dos valores no Ocidente e na Grã-Bretanha com a seguinte afirmação: "A fragilidade da civilização foi uma das grandes lições do século XX" (DALRYMPLE, 2015). Notem que ele usa o termo no singular, uma vez que não discorre sobre a fragilidade *das* civilizações, mas sim *da* civilização. A defesa da civilização, compreendida como a manutenção de certas referências culturais, assume uma importância toda especial, principalmente ao se saber que houve, na recente história do mundo, a destruição sistemática dessas referências por regimes totalitários de cunho utópico e/ou populistas. Por outro lado, os regimes contrários à ideia de civilização também encontraram na produção intelectual de determinados autores o seu esteio mental. Foram autores que forneceram os alicerces para a construção das visões que fundamentaram os mais atrozes projetos de poder. Não fossem pelas mentes altamente capacitadas de alguns intelectuais e escritores, os regimes careceriam dos conteúdos e das narrativas que justificassem as suas políticas.

No entanto, quando se discute a penetração das ideias de intelectuais e escritores em sociedades que souberam preservar a integridade de suas instituições, e refiro-me especialmente às sociedades livres do mundo ocidental, essa dinâmica se torna mais complexa e ambígua, uma vez que existe, nesse contexto, um campo de discussão relativamente aberto, no qual há uma pluralidade de vozes concorrentes. Expressando visões distintas, em geral organizadas em torno dos intelectuais e dos autores mais influentes, essas vozes entrarão em conflito em sua disputa pela liderança intelectual e moral de uma sociedade.

No caso de Dalrymple, um conflito aberto contra determinadas ideias e visões está posto. Ademais, ele participa de uma tradição já bem estabelecida (embora minoritária) de defensores da ideia de civilização contra os ataques do comunismo, do fascismo, do niilismo, do multiculturalismo, do relativismo, do antinomianismo, dentre outros tantos "ismos" modernos. Da mesma forma que Burke, Lorde Acton, Orwell, Muggeridge, Dawson, Eliot,[14] Jones, dentre outros, Dalrymple se coloca como fiel representante de uma tradição caracteristicamente britânica,[15] na qual se gestou uma sábia e severa crítica contrária às

[14] Alguém dirá que Eliot não era britânico, uma vez que nasceu no interior dos Estados Unidos, porém ele logo adotaria a Inglaterra como pátria. Encorajado por Ezra Pound (1885-1972), Eliot mudou-se para a Inglaterra em 1914, com então 26 anos de idade.

[15] É claro que o pensamento desses autores comporta, em cada caso, características próprias. Descontando-se as inúmeras e significativas diferenças entre eles, há, no entanto, um ponto em comum: a irrestrita defesa da soberania da pessoa humana e das instituições que a protegem, em oposição aos idealismos utópicos e sua compulsão para criar, pela força e pela violência, "novos mundos".

abstrações dos *philosophes* utópicos, muito em razão dos excessos revolucionários cometidos em nome das grandes abstrações, e do inevitável retrocesso ao barbarismo que tais excessos provocaram.

UMA TRADIÇÃO

A tradição que sai em defesa da comunidade dos homens livres é antiga, e Dalrymple a retrata de forma criativa em seu ensaio sobre a vida e a obra do cartunista britânico James Gillray (1756-1815). Muito antes de os cartunistas do *Charlie Hebdo* entrarem no rol do imaginário coletivo internacional como heróis da liberdade de expressão contra o sectarismo ideológico-teológico, que no caso se manifestou como islamismo fundamentalista, o cartunista James Gillray já usava, no final do século XVIII e início do XIX, os seus desenhos satíricos para ridicularizar os excessos dos homens públicos em suas extravagantes e muitas vezes nefastas ideias e práticas políticas.

> É claro que Gillray apelava à opinião pública e foi um pioneiro dessa prática, pois ele sabia que a exposição que fazia dos abusos e dos desatinos (e não apenas dos desatinos políticos) ajudaria a limitá-los, mesmo que não pudesse interrompê-los. Portanto, a crítica pública se tornara essencial ao progresso público, e Gillray identificara o seu poder. (DALRYMPLE, 2015)

> Gillray nunca perdeu de vista a diferença entre os pequenos e os grandes males, e embora a Grã-Bretanha de sua época fosse corrupta, tomada de esnobismo e de outros vícios que ele não hesitava em expor ao ridículo, ele não concluiu, por isso, que não haveria nada a escolher entre ela e os excessos da França revolucionária e do domínio napoleônico sobre o mundo. A escolha para

Gillray, como para todas as pessoas de bom senso, nunca era entre a perfeição e o inferno sobre a Terra, mas sempre entre o melhor e o pior. (DALRYMPLE, 2015)

A percepção de que "a crítica pública se tornara essencial para o progresso público" foi determinante para que o denominado quarto poder iniciasse sua caminhada rumo ao controle intelectual da sociedade. Assim sendo, não é o caso de criticá-lo, uma vez que ele se tornou indispensável e até mesmo inevitável nas sociedades modernas, mas sim de avaliar quais são as ideias e as perspectivas que o dominam, em uma sociedade ou civilização qualquer. Em uma sociedade democrática relativamente saudável do ponto de vista institucional e intelectual, cabe ao quarto poder identificar os abusos, incorreções e transgressões dos integrantes oficiais do poder, denunciando-os, para que a opinião pública possa então solicitar, institucionalmente, as devidas correções.

Para Gillray, a diferença essencial entre a Grã-Bretanha de sua época e a França napoleônica e pós-revolucionária era entre uma nação de homens livres e soberanos, buscando os seus próprios interesses e submetidos a um regime que permitia tudo aquilo que não estava oficialmente proibido, e uma nação de servidores, submetidos a um regime que proibia tudo aquilo que não lhe interessava. (DALRYMPLE, 2015)

Dalrymple situa Gillray e obviamente a si mesmo em uma cosmovisão que defende a soberania de uma tradição ciosa de suas liberdades contra os excessos do poder, uma cosmovisão que é vista sob a perspectiva de sua longa formação histórica, e que se encontra organicamente articulada com as rotinas, os costumes e as leis da sociedade que a defende. Trata-se de uma visão que se opõe aos projetos totalitários, os quais, de certa forma, inauguraram a modernidade. Sem dúvida, tanto os jacobinos quanto Napoleão foram modelos paradigmáticos na implantação das versões mais autoritárias do Estado moderno.

Essa tradição, da qual Dalrymple faz parte e na qual se coloca como importante figura de nossos tempos, tem um histórico de desenvolvimento que poderíamos chamar de antiestatista, no sentido de refletir uma cosmovisão que entende o Estado como um mal necessário, sobre o qual uma constante vigilância se faz indispensável, uma vez que ele tende, em razão de sua própria natureza concentradora, a transformar-se em fim. É uma visão que não aceita o Estado como panaceia dos problemas sociais. Alguns diriam que se trata de uma cosmovisão burkiana, indicando um explícito reconhecimento da importância central de Edmund Burke para a consolidação dessa perspectiva. Na verdade, Burke foi apenas um notável catalizador e formalizador de um conjunto de ideias que há muito se desenvolvera não somente na Inglaterra e na Grã-Bretanha, mas que se disseminara pelas comunidades da Europa ocidental como um todo.

Muito antes de Burke, houve uma Europa medieval cujas inúmeras reformas internas forneceram, à nascente sociedade ocidental, uma inédita composição institucional, intelectual e econômica. Por exemplo, as reformas monásticas do medievo, em seu frenético movimento para que fossem criadas comunidades institucionalmente autônomas e economicamente fortes, deram a muitos homens e mulheres da Idade Média a possibilidade de viverem existências *grosso modo* libertas do poder achacador dos reis, dos bispos e da nobreza, o que acabou por produzir, ao longo das gerações, uma cultura de liberdade. Em seu longo prazo, foi um movimento que criou uma sólida cultura de apreço à autonomia, em contraposição ao imemorial senhorio dos poderosos. Essa cultura foi agudizada e radicalizada após a reforma de Martinho Lutero (1483-1546). Na Grã-Bretanha, ela se desenvolveu com grande força no movimento puritano, com seu anseio por independência religiosa, econômica e política. Posteriormente, essa dinâmica seria exportada para as colônias britânicas da América do Norte, cujos resultados bem conhecemos. Assim, para muito além de uma tradição exclusivamente britânica, Dalrymple se encaixa em uma cosmovisão antiautoritária e europeia de cultura e civilização.

Trata-se de uma visão que congrega grandes nomes em todo o continente europeu, como nos casos do francês Alexis de Tocqueville (1805-1859), o austríaco Stefan Zweig (1881-1942) e o russo Ivan Turgueniev (1818-1883), apenas para citar alguns exemplos que são caros a Dalrymple. Nesse sentido, embora Dalrymple se afaste de uma ideia de civilização calcada na suposta autoridade civilizadora de uma Europa científica e moderna, ele percebe que houve, na civilização europeia, um elemento pré-moderno que a distinguiu das demais: a irrestrita elevação da concepção de pessoa humana. A concepção de soberania da pessoa humana, sustentada na liberdade e na responsabilidade do indivíduo, deu ao Ocidente a condição de gerar níveis nunca antes vistos de prosperidade e de conhecimento.

> No Ocidente, movimentos como o Renascimento, a Reforma, o Iluminismo, ao agirem no espaço que sempre existira, ao menos potencialmente, no Cristianismo entre Igreja e Estado, libertaram os homens como indivíduos para que pudessem pensar por si mesmos e, assim, colocaram em movimento um avanço material sem precedentes, de fato, irrefreável. (DALRYMPLE, 2015)

> Tocqueville estudou o efeito da liberdade política e da igualdade jurídica sobre as mesmas coisas. A liberdade apresentava certas desvantagens, ele pensava, mas valeria a pena pagar o preço [...] Em muitos aspectos, as consequências da liberdade eram o oposto daquelas geradas pelo despotismo. Num ambiente de real igualdade jurídica, os homens se tornavam honestos ao negociarem suas diferenças, em vez de serem furtivos, ardilosos e dissimulados, como ficavam quando submetidos ao despotismo. Quando

a reputação de um homem dependia mais de sua atividade do que de sua posição na hierarquia social, ele tenderia à virtude sem qualquer compulsão externamente explícita. Além disso, a comparativa ausência de interferência governamental em sua vida o tornava dinâmico, empreendedor e solícito na busca dos próprios interesses econômicos. (DALRYMPLE, 2015)

O sociólogo da religião Rodney Stark se aproxima do mesmo entendimento, ao analisar a forma *sui generis* na qual os monastérios medievais da Europa criaram, em razão de uma forte autonomia institucional e um igualmente forte compromisso pessoal entre os seus membros, as primeiras unidades econômicas de fato criativas da história. Ademais, a cultura monástica também contribuiu (e de forma decisiva) na criação dos primeiros espaços institucionalmente seguros para o exercício da livre investigação. Nesse ponto, é sempre bom lembrar que a universidade, como nós a conhecemos, foi uma criação da igreja medieval.

Os monastérios medievais reinvestiam sistematicamente os seus ganhos e lucros na ampliação interna de sua capacidade produtiva, ao mesmo tempo que ampliavam as bases monetárias de suas relações com os servos (relações crescentemente assalariadas) e com os nobres e a monarquia (relações crescentemente bancárias). Ao discorrer sobre a "invenção" da livre sociedade capitalista e do pensamento livre no coração da civilização europeia, Stark afirma:

> O capitalismo não foi inventado em uma firma contábil veneziana, e muito menos num banco protestante na Holanda. Tratou-se de uma evolução principiada no século IX por monges católicos, os quais buscavam garantir a segurança econômica de seus monastérios. (STARK, 2005)

Lewis [Bernard Lewis] também está correto ao afirmar que a ideia de uma separação entre Igreja e Estado "é, num sentido profundo, uma ideia cristã". Na maior parte dos casos da história das civilizações, a religião sempre esteve integrada ao Estado, e de forma tão visceral que os próprios governantes eram frequentemente vistos como divinos – muitos foram os imperadores romanos que alegaram possuir divindade, como faziam os faraós [...] [Por outro lado], os teólogos cristãos passaram a criticar de forma crescente a autoridade moral do Estado. Em *A Cidade de Deus*, Agostinho já dizia que embora o Estado fosse essencial para a manutenção da ordem, ainda assim lhe faltava real legitimidade. (STARK, 2005)

É claro que esse foi um processo repleto de retrocessos e posteriores retomadas, e a Europa medieval reviveu, em sua história, inúmeras recaídas ao mais abjeto barbarismo teocrático e político. No entanto, a partir de determinado ponto, o processo de laicização da sociedade europeia tornou-se irrefreável. Nesse ambiente de desenvolvimento, a supremacia jurídica do Estado laico tornou a religião uma questão de foro íntimo. Por outro lado, o esvaziamento institucional e moral da religião trouxe graves problemas para esse modelo de civilização, e Dalrymple não deixará de lamentar parte dessa perda. Todavia, por enquanto, basta-nos notar a moldura mental e a tradição que circunscrevem a ideia que Dalrymple tem de cultura e de civilização, no sentido de realidades que precisam ser protegidas contra os insistentes ataques de forças que visam solapar essa tradição de liberdade de pensamento, de autonomia econômica e de igualdade jurídica; forças que pretendem colocar, no lugar dessa tradicional cultura de liberdades, as suas abstratas versões de cultura e de civilização.

NATUREZA HUMANA

Antes de propor uma visualização mais esquemática do embate entre civilização e barbarismo em Dalrymple, falta introduzir um último elemento de contextualização, cuja atuação compreende a base que sustenta a defesa que Dalrymple se propõe a fazer da cultura. Esse último e fundamental elemento recebe o nome de natureza humana.

> [...] Não foi o caso de a humanidade civilizada ficar imobilizada, mas de ela se alinhar ativamente aos bárbaros, negando a distinção entre superior e inferior, o que favorece, invariavelmente, o último. Os homens e mulheres civilizados têm negado a superioridade das grandes realizações culturais, em nome das formas mais efêmeras e vulgares de entretenimento; negam os esforços científicos de pessoas brilhantes que resultaram numa compreensão objetiva da natureza e, como fez Pilatos, tratam a questão da verdade com zombaria [...] Assim sendo, chegamos à verdade óbvia, de que é necessário conter, seja pela lei ou pelos costumes, a possibilidade permanente de brutalidade ou de barbarismo na natureza humana. Mas essa verdade nunca encontra espaço na imprensa ou na mídia de comunicação de massa. (DALRYMPLE, 2015)

Nesse trecho, fica claro como o conceito de natureza humana está intimamente associado a uma devida apreciação de realidades que integram a base das relações humanas e o seu psiquismo. A questão sobre a defesa da civilização passa necessariamente por uma investigação das forças implícitas à condição humana. Em Dalrymple, a referência ao barbarismo está conectada a um entendimento que enxerga o mal como realidade sempre presente, ou seja, percebe-o como parte real e indissociável da própria natureza humana. O mal não pode ser extirpado definitivamente, mas apenas obstruído e esvaziado por meio de um continuado esforço moral e espiritual, e isso ocorre tanto no âmbito individual quanto coletivo. Nesse contexto de tensão permanente, a cultura funciona como principal foco de resistência contras as insistentes investidas da violência humana, quando deixada ao sabor de seus caprichos. Logo, o mal existe e está sempre à espreita.

O barbarismo (o mal que ele enseja) é em boa medida indiferente ao nível técnico e econômico de uma sociedade, pois a sua manifestação não se condiciona à falta de riqueza ou de tecnologia, mas sim à ausência de meios eficazes para o controle dos excessos humanos, os quais tendem à degenerescência sempre que não refinados pela educação, constrangidos pela moral e regulados pela lei.

> A primeira requisição para a vida civilizada é que o homem esteja disposto a reprimir seus instintos e apetites mais ferozes. O fracasso no estabelecimento desse primeiro requisito tornará o homem, devido à faculdade da razão, um ser muito pior do que as feras da natureza. (DALRYMPLE, 2015)

O esforço na construção de uma poderosa sensibilidade moral, cujo aprimoramento e refinamento impulsionaram o processo da vida em civilização, tem de ser constantemente reatualizado para que a vida em civilização possa ser preservada do colapso. Dalrymple se aproxima da tradicional filosofia moral britânica e o seu entendimento clássico de que não há outros meios de conter a propensão dos homens ao conflito, exceto no insistente empenho de uma cultura baseada em responsabilidades e recompensas.

Para Dalrymple uma devida compreensão das facetas que envolvem o conceito de natureza humana foi integralmente apreendida pelos gênios da literatura, principalmente por William Shakespeare (1564-1616). Nota-se, portanto, uma perspectiva que busca enxergar a condição humana em sua indigesta complexidade, o que vale dizer que se trata de uma visão que percebe a imperfectibilidade humana como traço universal e constitutivo da espécie. Colocando a questão em um formato mais literário e em boa medida teológico, significa dizer que o humano se manifesta como um animal inclinado tanto para o bem quanto para o mal, ainda que a inclinação para o mal predomine, no sentido de ser mais facilmente encaminhada. O *esforço* para o bem é árduo e muitas vezes frustrante.

O pensamento de Dalrymple se insere, portanto, no modelo trágico da tradição literária e filosófica, em que a consciência é percebida como largamente vulnerável diante das paixões e dos desejos que a assolam. Autores como Shakespeare sabiam quão frágeis e instáveis são os arranjos humanos, ainda que envoltos em lindas abstrações e belíssima retórica. Há nessa perspectiva um evidente pessimismo, principalmente no tocante à real condição humana de criar eficientes saídas ideológicas e políticas na resolução de seus conflitos mais fundamentais. Tanto em Shakespeare quanto em Dalrymple, não há respostas de ordem técnica na resolução dos problemas humanos, mas sim um perpétuo exercício em direção ao desenvolvimento *do humano* via educação moral, intelectual, artística e espiritual. Trata-se de um empenho continuado da cultura, em seu esforço por alcançar altas doses de bondade, beleza e virtude, em face às forças abissais (de fato pré-históricas) que arrastam o homem de volta à animalidade latente, puxando-o para a natural gravidade da pobreza, indigência e brutalidade da espécie. Portanto, as soluções mais eficientes para os dramas humanos não viriam, em princípio, de quaisquer políticas públicas, mas sim do lento caminhar da cultura em direção ao refinamento dos costumes e da moral.

> [...] Shakespeare demole a ilusão utópica de que arranjos sociais podem ser criados de modo perfeito a fim de que os homens não tenham mais que se esforçar para serem bons. O pecado original – isso quer dizer, o pecado de ter nascido com a inclinação ao mal, típica da natureza humana – sempre zombará das tentativas de se atingir a perfeição com base na manipulação do meio social. A prevenção ao mal sempre requererá muito mais do que arranjos

sociais: exigirá, para sempre, o autocontrole pessoal e uma limitação consciente dos desejos. (DALRYMPLE, 2015)

Como de costume, as respostas de Shakespeare às questões que ele levanta são sutis, muito mais sutis do que aquelas que qualquer ideólogo ou teórico abstrato poderia conceber, pois ele é um realista sem o cinismo e um idealista sem a utopia. Ele sabe que, entre os homens, a existente tensão de como são e como devem ser permanecerá eternamente tensionada. Portanto, a imperfectibilidade humana não pode ser desculpa para uma permissividade total, da mesma forma que as imperfeições humanas não justificam uma intolerância inflexível [...] Um excesso de rigor leva a uma desumanização tão certeira quanto sua total ausência. (DALRYMPLE, 2015)

A perspectiva shakespeariana dá a Dalrymple a oportunidade para que ele sublinhe a atuação da natureza humana como uma realidade de fundo que não pode ser obliterada ou rearranjada, mesmo pelos mais sofisticados modelos de engenharia social. A natureza humana é tida como rocha impiedosa, que faz naufragar recorrentemente as frágeis embarcações teóricas dos cientistas sociais de nossos tempos.

DINÂMICAS

Creio que temos agora um quadro relativamente completo dos pressupostos a embasar a ideia que Dalrymple tem de cultura e de civilização. Surge então a possibilidade de montar um quadro esquemático, no qual o leitor visualize as dinâmicas entre os conceitos trabalhados, a tradição do pensamento ocidental e o sistemático abandono dessa tradição.

Níveis	Desenvolvimento	Forças
7	Dissolução da Cultura: Degradação dos Valores Decadência cultural, vulgaridade e abandono	↓
6	Civilização em Crise: Perda de Confiança nos Valores da Civilização O relativismo, o niilismo e o multiculturalismo	↓
5	Quarto Poder: A "Guerra das Ideias" Academia, imprensa, mídia, editoras, arte e entretenimento	↓↑
4	Os Mandarins: Intelectuais Paradigmáticos A ação dos pensadores mais influentes	↓ ↑
3	Civilização: Refinamento da Cultura Instituições e ideias que encaminham o humano no bem e na prosperidade	↑↓
2	Cultura: Criação de Sistemas de Ordem Via Convenções e Tabus A história institucional dos povos	↑
1	Natureza Humana: Os Desejos e as Paixões das Pessoas Os instintos e os apetites	↑

Embora exista, no quadro, uma sugestão temporal e mesmo a possibilidade de certa correspondência histórica subjacente aos distintos níveis, não se trata de um esquema que ilustra uma "evolução histórica", ou seja, o quadro não revela uma trajetória historicamente definida no tempo e no espaço, que sairia de um pré-histórico primeiro nível e chegaria ao sétimo nível de nossos dias. Não é isso que o quadro ilustra. O que se tem é um esquema que esboça a tensão universal e antropologicamente real entre *forças* que apontam para sentidos opostos. Portanto, os distintos níveis não refletem momentos históricos determinados, mas sim a situação do homem contemporâneo frente às forças que o constituem.

Os níveis 1 e 2 são antropologicamente universais, por conseguinte não correspondem a nenhuma época específica, ao mesmo tempo que fazem parte de todas. Ambos (níveis um e dois) têm flechas que apontam exclusivamente para cima; isso significa que o grosso de suas forças se mobilizará na criação de sistemas de ordem, que preservarão a vida comum contra o ataque de forças desagregadoras.

Sociedades tradicionais ameaçadas por forças desestabilizadoras (internas e/ou externas) tendem a fortalecer a sua cultura comum via fixação de rígidas convenções e interdições, e isso ocorre sempre que a sobrevivência do grupo esteja em risco. Nesse caso, encontraremos culturas absolutamente tradicionalistas, fechadas e aguerridas, como ocorre em geral com as culturas tribais. No entanto, ao superar certos estágios de deficiência institucional, econômica e militar, algumas culturas humanas tornam-se capazes de criar modos de vida mais sofisticados, os quais compreendem técnicas e saberes progressivamente complexos, e uma civilização poderá surgir como desdobramento desse processo. Uma vez constituída como civilização, a cultura não mais se angustiará com as instabilidades que outrora a afligiam. O refinamento das instituições e dos costumes, junto ao crescimento da riqueza, tornará as pessoas em geral – ou pelos menos os grupos dominantes – mais livres e prósperos. A vida comum incorporará outros ritmos e preocupações, os objetivos não mais corresponderão (em todos os casos) às exigências do grupo. Por exemplo, na história do mundo antigo, o viçejar da reflexão filosófica na Grécia clássica, especificamente em Atenas, demonstra como o pleno desenvolvimento de uma atividade intelectualmente sofisticada, no caso a filosofia, só foi possível no contexto de uma sociedade altamente civilizada. Mais ainda, o movimento da filosofia socrática surgiu como contraponto intelectual ao perigoso relativismo que se instalava na cultura da pólis. Os filósofos lutavam para que a ordem da cultura helênica fosse preservada dos ataques dos políticos profissionais e de seus mentores intelectuais (os sofistas). Segundo os filósofos, essa gente ameaçava a integridade moral e espiritual da pólis.

Dessa forma, percebe-se que, diferentemente do nível 2, relacionado à cultura em sua base, mais simples e robusto, o nível 3, relacionado à civilização, agrega um composto social mais frágil e instável, justamente por ser mais refinado, rico, complexo e livre. No caso da história da Grécia antiga, essa fragilidade ficou fatalmente exposta na rápida e brutal dissolução da civilização helênica:

> Qualquer um que olhasse o mundo mediterrâneo na época de Péricles poderia ter pensado que o futuro da humanidade estava garantido. A humanidade parecia finalmente ter amadurecido, pronta a receber sua herança. Arte, Ciência e Democracia viviam um florescimento magnífico em mais de cem cidades livres. Um futuro promissor se anunciava ainda mais grandioso que as conquistas do presente. Ainda assim, no exato momento em que todo o mundo mediterrâneo se mostrava pronto para abraçar o novo conhecimento e os novos ideais de vida e arte, quando bárbaros vindos de toda parte consideravam as cidades helênicas como centros de poder e luz, toda essa promessa foi abortada. O helenismo murchou por si mesmo. As cidades livres foram dilaceradas por mútuas rivalidades e guerras de classe [...] Qual foi o motivo desse repentino aborto da civilização helênica? (DAWSON, 2012)

O mais alto nível cultural corresponde à civilização. Esse nível abriga em seu tecido social a ação de forças antagônicas: (1) as que procuram conservar e aprimorar o legado e (2) as que buscam desarticulá-lo ao deformar as suas bases. É claro que se trata de uma elaboração esquemática e conceitual, uma vez que na realidade concreta da história essas forças se interpenetram. Não obstante, é possível identificar a ação dos elementos desarticuladores da cultura, os quais, de forma deliberada, minam as bases de uma civilização qualquer. Em geral, esses elementos se associam a práticas notadamente corruptas, autoritárias e violentas. Portanto, percebe-se, a partir do nível 3, a ação real de forças desarticuladoras (a flecha descendente), cujo movimento tende a destruir a civilização.

> [...] Uma aguda consciência no tocante à fragilidade da civilização inculcou-se em mim desde cedo, embora de forma subliminar por meio da presença, em Londres, durante minha infância, de uma grande quantidade de lugares visivelmente destruídos pelas bombas [...] O mundo ou aquela pequena parte dele que eu habitava, que parecia ser tão estável, calma, sólida e confiável – até mesmo maçante – tinha fundações mais instáveis do que a maior parte das pessoas estava disposta a reconhecer. (DALRYMPLE, 2015)

Dalrymple nos revela que a vida em civilização, principalmente em seu formato moderno, transmite às pessoas uma falsa ideia de segurança frente aos perigos das forças que lhe são antagônicas. A prosperidade, o conforto e a liberdade característicos do ambiente civilizacional em que vivemos gerou, em seu movimento de expansão, um crescente afrouxamento das obrigações ante a tradição. Em doses crescentes, essa dinâmica liberou as pessoas dos constrangimentos tradicionais da cultura, os quais são, em grande parte, necessários para garantir a manutenção da ordem. Portanto, houve um afrouxamento generalizado tanto do ponto de vista institucional quanto pessoal. O estado de excepcional prosperidade, conforto e liberdade da civilização moderna deu às pessoas, principalmente aos intelectuais, a sensação de que não mais precisariam da *velha* cultura, e uma crescente mentalidade de desprezo, em relação aos valores e realizações históricas da civilização ocidental, ganhou terreno.

> Ao negar as realizações do passado com tanto desprezo, muitas das quais obtidas com grande esforço e com alto custo, ela [Virginia Woolf] demonstra desconhecer por completo as condições materiais e intelectuais que tornaram possível a própria vida que levava, com sua letárgica contemplação do requinte. (DALRYMPLE, 2015)

O grande perigo está justamente no fato de haver, nesse tipo de conduta moralmente irresponsável, uma cegueira para com as forças que se organizam para tomar a civilização de assalto e destruí-la.

> Caso os nazistas tivessem ocupado a Grã-Bretanha, [Virginia Woolf] teria encontrado neles uma causa comum, uma vez que, para ela, tanto a cultura quanto a liberdade intelectual [...] representariam "deuses um tanto quanto abstratos" [...] Seria muito improvável que ela se apresentasse como uma defensora furiosa de seu país contra o invasor estrangeiro: a Sra. Woolf acreditava que ela nada tinha a defender, sendo sua vida, como filha de um homem culto, um fardo excessivamente insuportável. (DALRYMPLE, 2015)

Os dois grandes projetos totalitários do século XX, o nazismo e o comunismo, nasceram no celeiro intelectual e institucional europeu, ou seja, embora fomentassem as mais terríveis formas de opressão e de tirania, foram produtos internos da civilização europeia, a qual lhes concedeu altas doses de liberdade de ação e de autonomia intelectual, caso contrário não teriam crescido em suas fases iniciais. Antes de se organizarem como poderosas forças políticas, esses movimentos atravessaram uma intensa gestação no universo mental de pensadores, escritores e artistas, os quais, por modismo, afetação ou mesmo em aberta hostilidade, flertaram com as piores formas de tirania política e de barbarismo cultural.

> Em 1933, durante uma visita aos Estados Unidos, George Bernard Shaw disse: "Vocês, norte-americanos, têm tanto medo dos ditadores. A ditadura é a única maneira que o governo tem para realizar as coisas. Vejam a bagunça que a democracia nos deixou. Por que vocês temem a ditadura?". Ao sair de Londres para passar as férias na África do Sul, em 1935, Shaw declarou: "É bom sair de férias sabendo que Hitler deixou as coisas na Europa tão bem estabelecidas". (SOWELL, 2011)

As conquistas institucionais, econômicas e morais da civilização ocidental, em que foram alcançados níveis inéditos de autonomia pessoal e de prosperidade econômica, deram às sociedades da Europa e do mundo livre novos espaços de liberdade de expressão. Esse foi um processo que conferiu aos intelectuais (nível 4) e aos integrantes do quarto poder (nível 5) uma vigorosa posição de influência na condução da vida em civilização. Nesses espaços, certas ideias e bandeiras ideológicas prosperaram. É possível afirmar que as correntes intelectuais do quarto poder moldaram boa parte do ambiente mental e, consequentemente, moral e político da civilização ocidental de nosso tempo.

Para Dalrymple, o risco para a manutenção da vida em civilização, no contexto da modernidade, vem na esteira de uma irrefletida adoção de certas ideias, doutrinas e sistemas, os quais foram criados para solapar o padrão civilizacional do Ocidente. Nesse cenário de traição, os níveis 6 e 7 representam a civilização em estado de retrocesso, deterioração ou até de desmantelamento, uma realidade que tende a rebaixar todo o conjunto a patamares inferiores de cultura. De fato, as forças dos níveis 6 e 7 são contrárias àquelas que constroem e preservam os esforços em favor da civilização.

No mundo contemporâneo, esse embate de forças antagônicas revelou um campo de luta comum, em que as forças desagregadoras do despotismo, violência, corrupção, mentira e vulgaridade entraram em conflito aberto com a própria ideia de civilização.

Ao comparar a obra e a vida da pintora Mary Cassatt (1844-1926) com a do pintor Joan Miró (1893-1983), Dalrymple relaciona a vida dos dois artistas como exemplos típicos, na verdade paradigmáticos, entre dois posicionamentos contrários. Em Cassatt, Dalrymple percebe um nítido movimento de criação e de renovação, que se conecta afetuosamente à civilização e ao legado herdado dos antepassados; do outro lado, na figura de Miró, ele nota o contrário: uma amarga revolta destrutiva, embora justificada como movimento criativo. Há, nesse último, um explícito ressentimento contra a ideia de civilização.

[...] Não há qualquer evidência de que Miró não estivesse completamente em forma e consciente ao pintar suas "obras-primas tardias". O empobrecimento estético das telas e a degeneração que manifestam não se limitavam somente ao pintor, individualmente, mas retratavam toda uma época artística [...] Enquanto as gravuras de Cassatt demonstram um intenso e construtivo amor pelo mundo, as "obras-primas tardias" de Miró demonstram uma atitude estranhamente adolescente e profundamente destrutiva em relação ao mundo [...]. (DALRYMPLE, 2015)

Assim, Dalrymple sublinha a identidade caracteristicamente destrutiva do movimento que se opõe à ideia de civilização. Sabemos que Miró quis "assassinar a pintura" e destruir todas as convenções pictóricas, da mesma forma que Nietzsche (1844-1900) anunciara, antes de Miró, o "assassinato de Deus". Essa vitória do dionisíaco sobre o apolíneo, como Dalrymple a caracteriza, foi a marca registrada de um amplo movimento intelectual-artístico que expressou sua revolta contra as ideias e os valores da civilização, um movimento notadamente violento em suas pretensões de mudança.

Por exemplo, em uma carta de 17 de junho de 1913 endereçada ao amigo Ernest Collins, o escritor D. H. Lawrence (1885-1930), na época já bastante influenciado por Nietzsche, dizia o seguinte: "Minha grande religião está no sangue e na carne, coisas que superam o intelecto. Nossa mente pode nos enganar. Mas o que o nosso sangue sente, diz e acredita estará sempre correto". Ao analisar a obra mais lida de Lawrence, *O Amante de Lady Chatterley*, Dalrymple chega à conclusão de que autores como Lawrence abriram o caminho para que uma "mentalidade literal, grosseira e egoísta" fosse sucessivamente exaltada pela classe culta e, posteriormente, disseminada para as camadas mais populares.

Nenhum pai falaria da própria filha dessa forma [um trecho de *O Amante de Lady Chatterley*], um modo impróprio até mesmo para um vestiário masculino, tampouco um viúvo falaria dessa forma sobre sua falecida esposa. [Lawrence] reduz os relacionamentos humanos ao mais baixo denominador possível: os seres humanos se tornam gado. E Lawrence aprova a atitude de Sir Malcolm [o pai de Lady Chatterley], querendo que aceitemos sua visão de que é superior porque mais terreno e biológico, em relação aos outros de sua classe social. (DALRYMPLE, 2015)

DEGRADAÇÃO DOS VALORES

A questão sobre o abandono e a traição da civilização pelos intelectuais e pela classe artística compreende, portanto, a desmobilização de certos valores, principalmente os que se associam mais intimamente à cultura e à civilização ocidentais. Em seu artigo "Nietzsche contra o Crucificado", o crítico literário René Girard diz algo importante:

> Os críticos têm tendência a jogar às escondidas com os últimos escritos de Nietzsche. Fariam melhor em analisar a compulsão que levou tantos intelectuais a adotar princípios desumanos ao longo dos dois últimos séculos. Contudo, nenhum deles o fez tão perfeitamente como Nietzsche. Bem entendido, o ressentimento contribuiu muito. Próprio ao ressentimento é que o seu alvo de eleição é sempre o ressentimento, por outras palavras, a sua própria imagem no espelho, com uma máscara ligeiramente diferente que o torna irreconhecível [...] Ao longo dos últimos anos de sua vida, Nietzsche nunca deixou de reviver, de glorificar e de reatualizar, cada vez mais, os aspectos mais sinistros do sagrado primitivo. Esse processo, sempre mais intolerável, à medida que se radicalizava, conduziu-o, estou convencido, ao seu desmoronamento final. (GIRARD, 2002)

É possível caracterizar a recaída geral de nossa cultura, rumo à contemplação de formas e conteúdos crescentemente dionisíacos, como uma consagração filosófico-estética de "princípios desumanos". Nesse sentido, o movimento das artes plásticas, em sua depravada hostilidade contra o belo, surge como paradigma dessa degradação.

Ao analisar uma exposição da Academia Real de Londres, intitulada *Sensation*, "que quebrou todos os recordes de público em exposições de arte moderna em Londres", Dalrymple revela o alto nível de comprometimento das obras em exposição com uma estética da violência, do ressentimento e da degradação.

> Todavia, numa era de perversidade como a nossa, não existe publicidade ruim, ou seja, má publicidade não é ruim, mas a melhor. Termos como "imundo", "nojento", "pornográfico", "sórdido", "pervertido" e "maligno" não poderiam ter sido mais perfeitamente calculados no intuito de atrair os britânicos para a Academia Real. (DALRYMPLE, 2015)

> De qualquer forma, as seções de exibição abertas às crianças de todas as idades apresentavam materiais muito mais perturbadores [explicitamente pornográficos e/ou mórbidos]. Mas, do ponto de vista da nova crítica de arte, ser "perturbador" se tornou um termo automático de aprovação. "Sempre foi função do artista conquistar territórios ao quebrar tabus", escreve Norman Rosenthal em seu ensaio grosseiro e velhaco, ambiguamente intitulado "O Sangue Deve Continuar a Fluir", que introduz o catálogo [da exposição]. (DALRYMPLE, 2015)

A referência que o curador da exposição Norman Rosenthal faz ao sangue, visto como princípio organizador, é análoga à de Lawrence. Há aqui uma equiparação do humano – e obviamente da cultura que o compreende – ao animalesco. No entanto, é preciso perceber a significativa diferença entre "animal" e "animalesco". Na natureza, o animal é fonte de harmonia e de inesgotáveis belezas, mas no âmbito do humano em que cultura e natureza são realidades praticamente inextricáveis, uma supervalorização dos elementos instintivos, ligados ao "sangue" em linguagem metafórica, desmantelará a cultura, uma vez que nesta esfera os instintos são incapazes de criar e de manter sistemas de ordem.[16]

Quando os autores e estetas da pós-modernidade exortam a sabedoria do "sangue" como um genuíno e infalível guia de conduta, pensando estar conduzindo a cultura (e o humano) para um estado de vida mais verdadeiro, que nos reaproximaria de uma suposta virilidade e espontaneidade naturais, enganam-se redondamente. O que de fato fazem é empurrar toda a sociedade para níveis muito mais primitivos e opressivos de organização. Caso não encontre uma eficaz e aguerrida oposição, esse movimento tende a desarticular e, consequentemente, desmantelar a vida em civilização. No entanto, uma vez mais, é preciso reforçar que nesse contexto o termo "civilização" não significa ciência, indústria e tecnologia, mas sim a possibilidade de modos de vida que favoreçam o desenvolvimento moral, espiritual e intelectual da pessoa humana. Além disso, é importante notar que tanto os artistas plásticos quanto o seu círculo intelectual próximo formam uma camada mais à superfície desse movimento de desarticulação. Por trás de um Norman Rosenthal há um D. H. Lawrence e, por trás deste, há um Friedrich Nietzsche. Contudo, essa relação não para em Nietzsche, uma vez que na base teríamos o movimento romântico, o darwinismo social, etc.

Não é o caso de fazer aqui uma crítica devastadora ao pensamento de Nietzsche (um dos pensadores mais importantes dos últimos duzentos anos), mas o que se pretende é esclarecer como as ideias têm consequências, para que possamos avaliar a degradação dos valores como um movimento mais amplo, cujas bases estão alicerçadas

---

[16] Para uma compreensão mais exata dessa dinâmica, sugiro a leitura dos trabalhos do crítico literário e pensador francês René Girard.

em autores e processos longínquos. Nietzsche, um homem culto e intelectualmente brilhante, jamais aceitaria a pobreza estética e narrativa dos artistas de *Sensation*, no entanto há muito de Nietzsche, Lawrence e Miró nas obras dessa exposição. O movimento das forças contrárias à ideia de civilização se sobrepõe às particularidades e individualidades de seus agentes, de modo a revelar uma potência muito mais profunda, que se conecta na natureza humana e em suas fundações pré-históricas. Uma vez adotado, o movimento arrastará os seus agentes para as profundezas de sua lógica interna, inclusive os mais talentosos e brilhantes.

> No entanto, homens talentosos e brilhantes como Miró principiaram uma trajetória decadente, a qual terminou em anarquia artística. O Duchamp do famoso urinol foi um considerável desenhista; mas não demorou muito, o que de certa forma era esperado, até que chegássemos ao urinol sem o desenhista. O talento de Miró, seu senso de cor e forma, ainda é visível em sua "obra-prima tardia" em exposição na Salander-O'Reilly Galleries, mas seu método de arremessar tinta sobre a tela e deixar que ela respingue indica perda de fé no valor e propósito do controle artístico. Daqui por diante, qualquer coisa valeria. Ele queria que o acaso fizesse por ele o trabalho. Ele queimava suas telas, abrindo pequenos buracos na esperança de que formas agradáveis pudessem emergir; mas o resultado era apenas um previsível empobrecimento estético e simbólico. (DALRYMPLE, 2015)

Do ponto de vista da civilização e da cultura que a sustenta, o maior perigo desse conjunto de forças, que podemos chamar de anticivilizacional, antecipa-se, no entanto, sobre outro alvo: a cultura popular. A absorção das forças de decomposição no interior da cultura popular tem efeitos devastadores. Enquanto os desvarios intelectuais, morais e estéticos estiverem restritos ao universo das chamadas elites, a cultura e as suas instituições centrais ainda conseguirão funcionar de modo mais ou menos ordenado na preservação dos alicerces da vida em civilização. Porém, tão logo os desvios comecem a se infiltrar nas instituições centrais e – a partir delas – precipitem-se sobre o resto da sociedade, ocorrerá uma inevitável desarticulação dos valores fundamentais, cuja decomposição tende a enfraquecer os laços de confiança e o respeito entre instituições e pessoas. Nesse momento, tudo se parte, o centro não se sustenta.

É óbvio que o perigo de um retrocesso ao barbarismo não pode ser entendido, em nossa sociedade científica, como um retorno ao universo das cabanas, sandálias e economia de subsistência. No contexto de sociedades pós-industriais, a ideia de barbarismo não se associa à falta de recursos técnicos e de riqueza, mas sim, esse é um dos pontos centrais da reflexão de Dalrymple, à crescente ausência de sólidas referências culturais, morais e legais, capazes de regular harmoniosamente as relações de poder. No mundo em que vivemos, pós-guerras mundiais, pós-queda do Muro de Berlim e pós-11 de Setembro, barbarismo não significa atraso tecnológico, mas sim genocídio, tirania e fundamentalismo ideológico-religioso. Por trás da deliberada subversão de certos valores, os quais norteiam a vida das pessoas comuns, residem forças que reorganizarão uma sociedade moral e culturalmente devastada, mas agora segundo critérios extremamente opressivos. O sistemático achincalhamento que sofrem os tradicionais modelos de nossa cultura pode ser apenas o prelúdio de uma funesta sinfonia sobre o tema do genocídio e da opressão.

> Vi a revolta contra a civilização acontecer em muitos países, com todo o corolário de restrições e frustrações que ela provoca, mas em nenhum outro lugar presenciei isso de forma mais impactante do que na Libéria [...] Nunca, em toda minha vida, vira uma rejeição mais explícita ao refinamento humano [os revolucionários haviam cerrado os pés do único piano Steinway do país, no palácio de posse presidencial, e defecado em seu entorno] [...] Embora tenha ficado horrorizado com aquela cena no Centennial

Hall, ficaria ainda mais com a reação de dois jornalistas britânicos que também estavam em Monróvia [...] Para minha total surpresa eles não viram nada de significativo naquele ato de vandalismo sobre o piano [...] Eles não perceberam qualquer conexão entre o impulso de destruir o piano e o impulso de matar, nenhuma conexão entre o respeito pela vida humana e pelos produtos mais refinados do trabalho humano, nenhuma conexão entre a civilização e a inibição contra assassinatos aleatórios de compatriotas, nenhuma conexão entre os livros lançados ao fogo na Alemanha nazista e as subsequentes barbaridades daquele regime. Da mesma forma, o fato de, durante a Revolução Cultural na China, a Guarda Vermelha destruir milhares de pianos, ao mesmo tempo que matava um milhão de pessoas, também não teria transmitido qualquer conexão ou significado. (DALRYMPLE, 2015)

Existe uma conexão direta entre a hostilidade revolucionária, que se volta contra o refinamento e a riqueza, e um posterior recrudescimento de práticas violentas. No caso de nosso país, o Brasil, houve recentemente, nas chamadas jornadas de junho de 2013, uma onda de "protestos" violentos que teve como alvo a sistemática depredação e destruição do patrimônio público e privado. No entanto, do ponto de vista da desarticulação da cultura, os piores resultados não estão ligados às depredações em si, promovidas pelos denominados *Black Blocs*,[17] mas sim ao tratamento que os arruaceiros receberam tanto de parte da imprensa quanto de setores do governo. Os termos empregados por parte da imprensa e por representantes do governo, em que vândalos são chamados de "manifestantes" e a destruição que promovem, de "protesto", indicam uma pusilânime sujeição institucional perante práticas absolutamente nefastas, do ponto de vista da manutenção da vida em civilização. Pior, pois o que se tem é uma *glamorização* da violência associada à forma como esses grupos se vestem,

---

[17] A ação desses grupos provocou a morte de um cinegrafista.

às máscaras que usam e ao explícito gestual fascista que incorporam, ainda que se digam antifascistas.

Há uma lógica universal nos movimentos calcados no ressentimento: atribui-se ao outro a violência que se reconhece em si próprio. São grupos que adotam práticas do fascismo para denunciar um suposto fascismo da sociedade. Trata-se de uma manobra maliciosa que busca imputar sobre o adversário os crimes que serão cometidos contra esse mesmo adversário, ao mesmo tempo que se abrem as comportas ideológicas para que potenciais seguidores e admiradores percebam a real vocação do movimento: dominar sob a proteção de um guarda-chuva ideológico.

Os *Black Blocs* se veem como Robin Hoods de nossos tempos, e a sua indumentária é inspirada em versões *high-tech* do tema, como as do filme *V de Vingança*. Mas, desta feita, ao contrário das versões largamente fantasiosas dos Robin Hoods medievais do cinema, as versões *high-tech* das ruas de São Paulo foram reais. Há uma perfeita correlação entre certo tipo de produção cultural e o estilo de vida de pessoas que buscam (no exercício da violência e na aberta degradação dos valores) "revolucionar" a sociedade. Nesse caso, há um casamento perfeito entre ressentimento e autojustificativa, cujos rebentos manifestarão distintas formas de destruição e desregramento apaixonado.

> Não ocorreu à jornalista – tampouco importaria a ela caso ocorresse – que naquela plateia [durante um *show* de Marilyn Manson], na qual se flertava com o fascismo, poderia ser o caso de não haver "qualquer tolo", mas muitos tolos, todos aqueles que não conseguiram perceber a "sacada" irônica por trás do flerte, e que abraçariam o fascismo sem qualquer ironia. (DALRYMPLE, 2015)

Esse trecho revela até que ponto parte da imprensa – e de setores do quarto poder – aceita manifestações explícitas de comportamento antissocial e racista, desde que integre o guarda-chuva ideológico defendido pelos atuais mandarins da cultura. Nesse caso específico, o cantor Marilyn Manson é visto – e claramente se esforça para isso – como crítico contumaz dos valores da classe-média ocidental, e não existe um grupo mais odiado pelo mandarinato intelectual do que os setores médios de sociedades prósperas e abertas, justamente por representarem uma real comunidade de homens livres. Portanto, segundo Dalrymple, esse "artista" absolutamente degradado estará autorizado, pelos cadernos de cultura de parte da imprensa, a flertar com o fascismo e com o nazismo, desde que prossiga em sua "nobre" missão: vilipendiar a cultura e a civilização ocidentais.

2. FORMAÇÃO: DE ANTHONY DANIELS A THEODORE DALRYMPLE

PRIMEIRAS REFERÊNCIAS

Em carta endereçada a Biryukov e datada de 30 de novembro de 1887, Lev Tolstói (1828-1910), já então com quase sessenta anos de idade, recordava sua infância e justificava uma imorredoura crença no vindouro paraíso na Terra:

> [...] Os ideais dos irmãos-formiga [uma brincadeira em torno de uma varinha verde com supostos poderes mágicos], os quais se amontoavam uns sobre os outros, continuaram, embora não mais debaixo de poltronas cobertas com lençóis. Estendiam-se, agora, à humanidade, sob o largo domo celeste. Como naquela época, em que eu acreditava na existência de uma varinha verde, na qual havia uma inscrição capaz de destruir o mal nos homens, e ainda fornecer-lhes grande bem-estar, ainda acredito que tal verdade exista e que será revelada aos homens, dando-lhes todas essas promessas. (Davis, 1970)

A varinha verde de Tolstói representa a crença em uma solução técnica para os problemas humanos, um "ismo" que, uma vez adotado, redimirá a humanidade e resolverá os seus velhos problemas. Isaiah Berlin (1909-1997), em sua característica sagacidade, não acreditou no discurso de Tolstói. Em seu ensaio "O Ouriço e a Raposa", Berlin mostra que por trás do Tolstói ouriço havia uma raposa.[1]

---

[1] "Mas quando chegamos ao conde Lev Nikolaevich Tolstói e fazemos essa pergunta a seu respeito – se ele pertence à primeira ou à segunda categoria [a de ouriço ou de raposa], se ele é

Mas seria o caso, então, de perguntar se por trás de cada ouriço haverá sempre uma raposa ou vice-versa? Melhor ainda, haverá lobos por trás de cordeiros? Berlin acreditava que haveria uma distinção precisa entre ouriços e raposas, mas creio que a melhor resposta se encontre no Evangelho de Mateus: "Eis que eu vos envio como ovelhas entre lobos. Por isso, sede espertos como as serpentes e sem malícia como as pombas". Podemos ser muitos bichos ao mesmo tempo, desde que saibamos a quem servimos.

O jornalista inglês Malcolm Muggeridge (1903-1990), mencionado na primeira parte deste trabalho, gostava de se referir aos intelectuais e autores utópicos como "seguidores da varinha verde". Filho de socialistas fabianos, ele próprio um socialista exaltado em sua juventude, Muggeridge, ainda que fosse uma raposa fantasiada de ouriço, sofreu uma devastadora decepção com a causa socialista ao vê-la aplicada, *in loco*, na vida das pessoas. Como correspondente internacional, testemunhou os pavorosos resultados das ideias socialistas sobre as populações da União Soviética. Mais tarde, também se desapontaria com outros "ismos", inclusive com o consumismo banal da sociedade norte-americana. Fosse como "luta de classe" ou como "livre mercado", uma varinha verde[2] não poderia jamais ser adotada como panaceia para os dramas humanos.

monista ou pluralista, se a sua visão é a da unidade ou da multiplicidade, se ele é de uma única substância ou composto de elementos heterogêneos –, não há uma resposta clara ou imediata [...] Devo me limitar a sugerir que a dificuldade pode ser devida, pelo menos em parte, ao fato de que o próprio Tolstói tinha consciência do problema e fez o possível para falsificar a resposta. A hipótese que desejo apresentar é que Tolstói era por natureza uma raposa, mas acreditava ser um ouriço; que seus dons e suas realizações eram uma coisa, e suas crenças e, consequentemente, sua interpretação da própria realização, outra muito diferente; e que por essa razão seus ideais o levaram, junto com aqueles a quem seu dom de persuasão logrou enganar, a uma interpretação errônea e sistemática do que ele e outros estavam ou deviam estar fazendo". (BERLIN, 2002)

[2] É interessante observar como o escritor J. R. R. Tolkien (1892-1973) subverteu a lenda da varinha verde, como instrumento de redenção para toda humanidade, ao criar, em sua saga sobre a Terra Média, anéis de poder, os quais, forjados pelo senhor do mal, seduzem homens, anjos e demais criaturas para que pensem que se tornaram mais poderosos. Os anéis são controlados por um anel dominante e oculto. No caso, o anel de Sauron (a varinha verde) revela a sua real função: em vez de libertar e promover o bem-estar, ele escraviza e fomenta a ruína.

Muggeridge foi um aventureiro e viajou pelo mundo, fixando-se no Egito, na União Soviética e nos Estados Unidos. Ian Hunter nos informa que Muggeridge foi para a Rússia em busca de "uma alternativa ao progressismo insípido do *Guardian* e ao cansado socialismo de seu pai [o socialismo fabiano]" (HUNTER, 2003). No entanto, o que lá encontrou foi, segundo as palavras do próprio Muggeridge, "a essência da destruição". Ele percebeu que sob a tirania de uma grande ideia geral e inflexível, o produto mental de um portentoso ouriço dominador, por assim dizer, a sociedade entrava em estagnação e desenvolvia uma paralisia social que esvaziava a vontade e obstruía a criatividade das pessoas comuns. Em última análise, essa degenerescência do espírito afetava a consciência e a motivação, corroendo e arrasando, em seu caminho, as instituições, os costumes e a vida econômica de um povo. Mas o pior, segundo Muggeridge, seria a forma como os intelectuais e o *beautiful people* do Ocidente se prostravam diante do regime que promovia abertamente essa terrível calamidade. Havia, de fato, uma *trahison de clercs*.[3]

> Muggeridge refletiu durante muito tempo sobre a *trahison de clercs* [de sua geração], e nunca conseguiu encontrar uma resposta inteiramente satisfatória. Aqueles que deveriam representar as mais preparadas e sábias mentes da época, samurais intelectuais como Shaw, Sartre, Laski, Huxley, Gide, Mann, Dreiser, Sinclair, louvavam, em vez disso, a mais impiedosa tirania na terra. (HUNTER, 2003)

Portanto, não era o caso de se decepcionar apenas com o socialismo, mas sim com a fina flor da intelectualidade ocidental, a qual se fazia de cega diante de um regime (e da ideia central que o sustentava) que destruía metódica e sistematicamente milhões de vidas humanas. Esse regime sobreviveria, em seu formato tradicional, ainda por muito tempo. Foi apenas em 1989 que ele aparentemente deixou de existir

---

[3] Uma traição de caráter intelectual, artístico ou moral, perpetrada por escritores, acadêmicos ou artistas.

como "império do mal".⁴ Mas o mal já estava feito, e o rastro de destruição que deixou, sobre as sociedades que estiveram sob seu jugo, ainda se faz presente.⁵

Entre abril de 1989 e janeiro de 1990, Dalrymple visitou cinco países comunistas: Albânia, Coreia do Norte, Romênia, Vietnã e Cuba. O bloco vermelho entrara em colapso, e ele sabia que teria de se apressar "caso ainda quisesse experimentar o verdadeiro sabor das autocracias comunistas". A bem da verdade, tanto a Coreia do Norte quanto Cuba permaneceriam fiéis em seu propósito de submeter suas populações à mais abjeta tirania, ainda que fossem como pequenas relíquias fossilizadas de um mundo que desmoronou. No entanto, o propósito central da viagem de Dalrymple não era tanto político, mas sim psicológico. Para ele, o aspecto mais intrigante era o fato de os regimes desses países manterem populações inteiras, geração após geração, sob o constante domínio da mentira oficial. Nesse contexto, a mentira assumia contornos absolutamente distintos, uma vez que não se destinava à mera falsificação da verdade, exceto quando direcionada especificamente para o público ocidental. No âmbito interno do comunismo, a mentira se tornava um eficiente e perpétuo instrumento de humilhação e submissão.

> Além dos massacres, mortes e fomes pelos quais o comunismo foi responsável, a pior coisa a respeito do sistema, a meu ver, era a mentira oficial: isso quer dizer, a mentira da qual todas as pessoas eram obrigadas a participar, fosse por repetição, assentimento, ou mesmo em razão do fracasso de enfrentá-la. Cheguei

---

⁴ É bom lembrar que ao denunciar o regime da URSS como um "império do mal", pela primeira vez, em um discurso de 8 março de 1983, o então presidente dos Estados Unidos, Ronald Reagan, foi atacado pelos mais diferentes setores do quarto poder, inclusive pela elite intelectual norte-americana, que na época tendia, em seus canais mais progressistas, a equiparar moralmente a URSS aos regimes democráticos do Ocidente.

⁵ A luta desesperada dos ucranianos para se libertarem do domínio russo, ou seja, para deixarem de ser uma nação-cliente da Rússia, é o testemunho mais atual do mal que ainda contamina as políticas e a agenda oculta do governo da Rússia.

à conclusão de que o propósito central da propaganda mentirosa dos países comunistas não era persuadir, muito menos ludibriar, mas sim humilhar e emascular. Nesse sentido, quanto menor fosse a verdade, quanto menos correspondesse à realidade, melhor seria; quanto mais contraditória fosse a mensagem em relação à experiência real das pessoas, às quais ela se dirigia, mais dóceis, impotentes e humilhadas, em seu fracasso para reagir, essas pessoas se tornavam. (DALRYMPLE, 2012)

O fingimento de que a "varinha verde" desses regimes, na verdade um robusto tacão de ferro, atuasse em benefício da sociedade, uma patente mentira, representava, segundo Dalrymple, o mais completo e terrível modo de sujeição: o aprisionamento do espírito. Nessas profundezas da submissão, o exercício da mentira se aliava à prática da intimidação física e psicológica, e as relações, tanto pessoais quanto institucionais, passavam a ser controladas pela perversa e absolutamente deletéria lógica da espionagem: todos mentem o tempo todo, a ponto de não saberem mais que a verdade um dia existiu. Dalrymple se vale das impressões do marquês de Custine (1790-1857), em *La Russie en 1839*, para então caracterizar a quintessência de um feroz domínio sobre o psiquismo humano.

> A necessidade ininterrupta de mentir e de evitar a verdade retirava de todos [no contexto da Rússia czarista] aquilo que Custine chamou de "os dois maiores dons de Deus – a alma e o verbo que a comunica". As pessoas se tornavam hipócritas, maliciosas, desconfiadas, cínicas, silenciosas, cruéis e indiferentes ao destino de outros como resultado da destruição de suas próprias almas. Além disso, a manutenção de uma inverdade sistemática exige a permanência de uma rede de espiões; de fato, exige que cada um se torne um espião e um informante em potencial. E o "espião", escreveu Custine, "acredita somente na espionagem, e caso se escape do logro que ele lhe armou,

> ele acreditará que em breve cairá no logro armado por você". O estrago que isso exerce sobre as relações pessoais é incalculável. (DALRYMPLE, 2015)

Essa descrição precisa das mentalidades subjacentes aos regimes do bloco comunista, feita durante as viagens que realizou no final da década de 1980, revela um autor que já organizara as suas referências e a sua visão de mundo. Portanto, as viagens que realizou aos países comunistas compreendiam apenas uma confirmação do que Dalrymple já sabia. De certa forma, coroavam uma profunda e sofrida investigação que ele fizera sobre a natureza do mal.

Da mesma forma que Malcolm Muggeridge, Anthony Daniels (o nome de nascimento de Theodore Dalrymple) também cresceu em um lar dominado por referenciais socialistas. Mas, diferentemente do socialismo fabiano da família do primeiro, Daniels teve em seu pai um leninista convicto. Portanto, ainda muito jovem, Daniels entrou em contato com uma grande quantidade de autores marxistas, os quais abundavam nas estantes de sua casa.[6] Além disso, ele tinha, em seu próprio pai, uma referência muito próxima de alguém envolvido com os ideais do leninismo e do stalinismo. A mesma duplicidade desonesta, que mais tarde ele identificaria disseminada em sociedades socialistas, manifestava-se aos seus olhos de criança na figura de seu pai.

> Eu via como a preocupação que meu pai dizia ter em relação ao destino da humanidade era em geral contraditória diante do desprezo que ele tinha pelas pessoas que o cercavam; a isso se somava a sua total incapacidade de se relacionar de igual para igual com pessoas de carne e osso. Mais tarde, concluí

---

[6] "Meu pai era um comunista, embora também fosse um homem de negócios. Nossa casa estava cheia de literatura comunista dos anos 1930 e 1940, e eu me lembro de autores como Plekhanov, Maurice Hindus e Edgar Snow." Theodore Dalrymple em entrevista a Jamie Glazov para a revista *FrontPage* em 31 de agosto de 2005.

que as alegações humanitárias dos marxistas eram um disfarce que camuflava um voraz apetite de poder. Além de sua evidente desonestidade emocional, o marxismo me impressionava em razão de seus ilimitados recursos para o exercício de outra desonestidade: a intelectual. Tendo crescido no meio de uma considerável biblioteca leninista e (que Deus me ajude!) stalinista, rapidamente percebi que o pensamento dialético era capaz de provar qualquer coisa que quisesse provar; por exemplo, que o assassinato de classes inteiras de pessoas seria por vezes necessário para a instalação de dignidades elementares. (DALRYMPLE, 2013)

A grande disjunção, em seu pai, entre ideal e conduta afetou profundamente a personalidade de Anthony Daniels, tornando-o, segundo suas próprias palavras, "naturalmente receoso de pessoas que defendem grandes esquemas para o suposto bem da humanidade". Percebe-se, nessa primeira fase da vida de Theodore Dalrymple, quando ele era tão somente Anthony Daniels, um garoto que frequentava assiduamente a biblioteca particular de seu pai, e que, ao mesmo tempo, refletia sobre o comportamento do último em contraposição ao discurso que este defendia.

Daniels teve uma infância e uma adolescência difíceis do ponto de vista emocional, uma vez que os seus pais, embora casados, mal dirigiam a palavra um ao outro. Havia uma guerra silenciosa em seu lar. Esse ambiente o tornou particularmente perspicaz na identificação de gestos ressentidos, nos quais a hostilidade é ocultada no interior de inúmeros subterfúgios desonestos: "No resto, o silêncio entre eles era repleto de nuances, expressando ressentimento, agressão, inocência ferida, exasperação, superioridade moral e todas as outras pequenas emoções desonestas, as quais a mente humana é capaz de criar". Portanto, em sua própria casa, havia um ambiente psicologicamente desconexo e ideologicamente violento, o qual anos depois ele identificaria reproduzido, embora de forma mais aguda e degradada, em seus pacientes e na própria sociedade.

De forma subliminar, Dalrymple nos faz crer que a guerra pela civilização já estava posta nas enormes diferenças de caráter e de valores herdados entre o seu pai e a sua mãe.

> Meus pais tinham posicionamentos opostos sobre a natureza e a origem das boas maneiras. Meu pai defendia a posição idealista de que as boas maneiras expressavam a bondade natural do coração humano, e que, portanto, elas surgiriam espontaneamente, isto é, caso surgissem. Do contrário, a culpa seria do sistema: a injustiça social que inibira ou mesmo destruíra a bondade natural dos homens. Minha mãe, por outro lado, adotava a visão clássica de que as boas maneiras eram o resultado de disciplina, treinamento e hábito, e que a bondade do coração se manifestaria – em certa medida – no transcorrer desse cultivo. À medida que fui ficando mais velho, mais decididamente fui tomando o partido de minha mãe. (DALRYMPLE, 2006)

Há aqui um dado importante no tocante à história pessoal de Daniels: durante muito tempo, ele ficou dividido entre posturas diametralmente opostas; é provável que tenha se inclinado em sua juventude ao idealismo do pai. Na verdade, ele mesmo confirma essa disposição em seu livro mais autobiográfico, *Fool or Physician* [Tolo ou Médico], quando admite que a sua principal motivação, ao se estabelecer como médico júnior na Rodésia, era poder "[...] recapturar velhas certezas. Em minha adolescência, eu cultivara visões radicais (embora estritamente teóricas). Eu queria mudar o mundo". Assim, percebe-se que a sua primeira viagem profissional como médico formado, para a Rodésia, em 1975, onde trabalharia arduamente por seis meses no hospital de Bulawayo, foi largamente motivada por ideais forjados no idealismo herdado de seu pai e da educação que dele recebera. Ademais, havia, em Daniels, uma forte vocação para o mundo da investigação intelectual e das reflexões filosóficas.

Ao partir para a África em 1975, durante os últimos estertores do Império Britânico, Daniels nos diz que procurava um lugar no qual pudesse encontrar, em cores fortes, nítidas e vibrantes, o bem (os colonizados) em sua aberta luta contra o mal (os colonizadores).

Nascido em 1949, Anthony Daniels pertence à geração da contracultura, da revolução sexual e da ferrenha oposição à guerra do Vietnã. Portanto, é bem provável que em 1975, aos 26 anos de idade, ele adotasse parte expressiva do repertório de sua geração. "Foi a época da guerra do Vietnã [...] Por razões óbvias, eu não estava convencido a valorizar a vida familiar ou as supostas alegrias da vida burguesa [...] Como os fotógrafos [os fotógrafos de guerra], sentia-me absolutamente ansioso para escapar daquilo que supunha ser a fonte de minhas insatisfações pessoais [...] Minha rejeição às virtudes burguesas, tidas como sórdidas e antitéticas ao real desenvolvimento humano, não sobreviveria."

Temos então um jovem médico, um entusiasta ideologicamente motivado e intelectualmente vocacionado, que vai para a África em busca de si mesmo e de uma vida mais exuberante, um lugar que lhe oferecesse motivações especiais e que dissipasse, de seu horizonte pessoal, a acidez de seu antigo lar e o declínio moral da sociedade de seu país: "O meu problema era descobrir em que lugar do mundo o mais completo mal ainda confrontava o mais puro bem, um lugar em que eu pudesse demonstrar o quanto eu estava do lado dos anjos. A Rodésia pareceu-me a solução perfeita".

Tudo indica que Daniels foi um típico jovem de sua geração: insatisfeito com o *establishment*, rebelde e progressista. Em posse de melhores e maiores luzes, ele pretendia livrar o mundo dos erros e dos crimes dos antepassados. No entanto, a realidade africana, em seu embate diário com a sobrevivência, principiaria uma transformação profunda em Daniels. Em sua primeira passagem pela

África, ele encontraria grandes desafios aos seus questionamentos pessoais. Daniels ficou na Rodésia por seis meses, transferindo-se, logo em seguida, para a África do Sul, onde também exerceu a prática médica. No confronto com a realidade africana, ele começou a repensar e reavaliar antigos pressupostos progressistas, os quais, até aquele momento, haviam permeado sua visão de mundo e suas escolhas pessoais.

> Foi na África que descobri, pela primeira vez, que as virtudes burguesas não são apenas desejáveis, mas frequentemente heroicas. Estava trabalhando num hospital em um lugar que ainda era chamado de Rodésia, atual Zimbábue. Eu partilhava da imatura e fundamentalmente preguiçosa opinião juvenil de que nada mudaria no mundo até que tudo fosse mudado, e então teríamos o surgimento de um sistema social no qual não haveria mais a necessidade de ninguém ser bom. (DALRYMPLE, 2015)

MUDANÇA DE PARADIGMA

O personagem central de *O Poderoso Chefão* [*The Godfather*], Michael Corleone, sofre um embate de paradigmas. Nesse caso o termo "paradigma" pouco se aproxima da caracterização dada por Thomas Kuhn (1922-1996) em *A Estrutura das Revoluções Científicas*. No filme dirigido por Francis Ford Copolla (1939), o que se tem é o paradigma dos antigos filósofos, não o da atual terminologia científica. O personagem Michael Corleone se encaminha para uma escolha definitiva: finalmente viver como *capo di tutti capi* e se afastar para sempre de um primeiro momento de sua vida adulta, no qual vislumbrou para si a existência comum de um homem honesto, virtuoso e pacífico. Os paradigmas sempre estiveram lá – no sentido clássico de um conjunto de padrões ideais de conduta e de estilos de vida –, e ele fez as suas escolhas. Notem que a alteração de paradigma (de homem honesto para mafioso) não é moralmente neutra. Na cena final do filme, quando os testas de ferro beijam a mão do agora Dom Michael Corleone, a sua esposa, para a qual ele acabara de mentir ao negar que organizara atividades homicidas, observa impotente o desfecho moral e espiritual das escolhas de seu marido. A porta se fecha na noite escura da alma de Michael Corleone.

O mais importante, em nosso caso, é perceber as implicações pessoais ligadas à mudança de paradigma. Para Michael Corleone não foi o caso de escolher entre o modelo copernicano e o ptolomaico, mas sim entre uma vida pacífica, afastada do paradigma de sua família, e uma vida absolutamente violenta, integrada ao paradigma familiar. A escolha que fez foi certamente infeliz. Mas há aqueles que – ao contrário de Michael Corleone – escolhem paradigmas mais promissores e, consequentemente, libertam-se dos estigmas que não só afligiram os seus antepassados, mas também continuam a ameaçar as novas gerações. Quando Anthony Daniels decidiu que não reproduziria, em sua própria vida, as misérias emocionais e intelectuais de seus pais, houve o despertar de um esforço continuado por mudança, cujo desfecho seria a libertação de um paradigma indesejado.

> Durante muito tempo senti pena de mim: será que outra criança fora tão miserável quanto eu? Senti a mais profunda e mais sincera autocompaixão. Então, gradualmente, começou a despertar em mim a percepção de que a educação que eu recebera havia me libertado de qualquer necessidade ou desculpa para repetir a sórdida trivialidade das vidas pessoais de meus pais. O passado de alguém não se confunde com o seu destino e é de interesse próprio fingir o contrário. A partir de então, caso levasse uma vida miserável, seria de minha inteira responsabilidade e jurei nunca desperdiçar minha existência em mesquinhos conflitos domésticos. (DALRYMPLE, 2015)

Há aqui um nítido encaminhamento de libertação. Contudo, a percepção e a tomada de decisão não garantem, por si só, o sucesso da empreitada. A duradoura conquista de um novo paradigma requer tempo, inteligência e dedicação. Não poucas vezes, como foi o caso de Michael Corleone, um início promissor conhece um descaminho fatal, durante os inevitáveis embates gerados pelas vicissitudes da vida. Quando isso ocorre, o projeto de emancipação é abortado e o que se vê é o triunfo das forças que seguram o sujeito no antigo paradigma. Assim sendo, uma das formas mais eficientes na condução de um projeto de libertação e de conquista de um novo paradigma é o afastamento – mental e físico – do ambiente do qual o sujeito pretende se libertar. E se Michael Corleone não tivesse voltado ao reduto de seu clã? Teria ele se libertado? Deixando as conjecturas ficcionais de lado, o fato real é que Anthony Daniels deixou a Grã-Bretanha em 1975. Ele se qualificou como médico em 1974, e, após um primeiro e passageiro emprego num hospital nas Midlands, aceitou uma oferta para trabalhar na Rodésia. É preciso esclarecer que o exercício da profissão não era, naquele momento, uma prioridade para Daniels, muito pelo contrário. A opção mesma pela carreira (medicina) fora, de certa forma, uma imposição do paradigma paterno, contra o qual ele começava a se rebelar.

> Ingressei na faculdade de medicina porque vinha da classe-média; porque tinha de fazer alguma coisa da vida; mas, sobretudo, porque meu pai me pressionara para a profissão [...] Na verdade, eu queria ser historiador ou filósofo, em vez de médico, mas meu pai insistiu ao dizer que eu não eu conseguiria ganhar a vida de forma decente, caso escolhesse a carreira intelectual. Talvez ele não estivesse de todo equivocado nesse ponto. Para ele a ciência, e somente a ciência, era o passaporte do sucesso neste mundo, e ele não fazia o tipo que gostasse de se ver contrariado. Assim sendo, entrei na faculdade de medicina, embora a contragosto. (DANIELS, 2011)

A sua viagem para o continente africano representa para os propósitos de nossa análise um afastamento deliberado, uma espécie de autoexílio, no transcorrer do qual Daniels buscou de forma mais ou menos consciente um novo paradigma, ainda que afirmasse querer "recapturar velhas certezas". Mesmo um jovem recém-formado e inexperiente, como era o caso de Daniels, não trocaria a Grã-Bretanha pela Rodésia, sem ao menos intuir que a sua aventura poderia transformá-lo profundamente. Assim sendo, tem-se em Anthony Daniels uma espécie de Michael Corleone às avessas: um jovem médico cujas pretensões filosóficas o empurram para o desconhecido; um rapaz que sai da casa de seus pais e que se afasta de sua cultura natal para buscar na África, justamente o continente que gerou a nossa espécie, o *sapiens*, novas respostas para velhas perguntas. É óbvio que esse primeiro momento de descobertas ainda era largamente dominado pela imaturidade intelectual de um jovem de 26 anos.

> Tudo, eu pensava na época, devia ser completamente varrido por uma enorme onda de destruição, para ser então reconstruído nas fundações do amor e da cooperação. Qualquer pessoa que discordasse dessa simples formulação, fazia-o ou por mau-caratismo ou interesse próprio. Mais tarde eu perceberia que o radicalismo estava para o meu pensamento na mesma proporção que a puberdade estivera para o meu corpo. (DANIELS, 2011)

Esse radicalismo intelectual, uma herança tanto de seu pai quanto do *mainstream* intelectual da época, foi paulatinamente dissolvido no caldeirão africano. Em uma comovente passagem em que relata uma de suas primeiras e mais marcantes experiências de mudança de paradigma, Dalrymple nos conta como se viu subitamente surpreendido ao visitar a casa de uma enfermeira africana. De repente, no contato espontâneo com a realidade, alguns muros teóricos desfizeram-se no confronto com o desconhecido. As radicais e frias distinções, tão rapidamente protagonizadas pelas abstrações, eram postas em xeque.

A enfermeira-chefe do lugar em que eu trabalhava, uma mulher negra, um dia me convidou para uma refeição em sua casa na cidade [...] Ela era uma mulher esplêndida, gentil e trabalhadora. Vivia num município no qual havia milhares de idênticos e minúsculos bangalôs pré-fabricados, do tamanho de choupanas. O nível de violência daquele lugar era altíssimo: no sábado à noite o piso do setor de emergência do hospital ficava escorregadio de tanto sangue que escorria. Em meio àquele ambiente absolutamente desolador, descobri que aquela enfermeira criara um lar extremamente confortável e até mesmo bonito para ela e sua idosa mãe. A minúscula faixa de terra que dispunha parecia um caramanchão; o interior de sua casa era limpo, arrumado e bem mobiliado, embora de forma modesta [...] Observando a realidade que circundava aquele município, comecei a reparar que o uniforme branco, imaculadamente branco, com o qual ela se apresentava todos os dias no hospital não representava um fetiche absurdo, tampouco a imposição brutal de padrões culturais estrangeiros sobre a vida africana, mas um nobre triunfo do espírito humano [...] Ao comparar o esforço daquela mulher em manter-se dignamente, minha antiga rejeição aos valores burgueses de respeitabilidade me pareceu, desde então, uma atitude rasa, trivial e imatura. (DALRYMPLE, 2015)

O anti-intelectualismo dessa passagem é marcante, no bom sentido do termo.[7] Em sua cega vaidade e desonesta sensibilidade, não são poucos os intelectuais que julgam defender os interesses de pessoas e grupos, cujos reais anseios desconhecem ou mesmo desprezam. Certamente, toda a ladainha antiocidental e antiburguesa que Daniels ouvira dos mais variados canais começou a ruir, tão logo ele testemunhou a indissociável relação entre asseio pessoal, qualidade

---

[7] Como quase tudo, o anti-intelectualismo também tem o seu lado negativo, principalmente quando revestido de um falso culto à simplicidade, cuja atuação mascara um ódio ao conhecimento e ao refinamento.

de vida e triunfo do espírito humano. Uma vez afastado das salas de aula da educação progressista, dos discursos de seu pai e dos esquemas explicativos em voga, cujas abstrações criavam categorias estanques de classes, gêneros e raças, Daniels percebeu o óbvio: o desejo de atingir determinados padrões de beleza, conforto e prosperidade é um dado universal, e a civilização à qual ele pertencia fornecia alguns bons modelos para essa busca. A partir desse *insight*, bastaria um passo para a derradeira conclusão:

> Longe de representar um sinal de solidariedade com os pobres, descobri que esse comportamento [de hostilidade militante contra os modelos de prosperidade, asseio e conforto de nossa civilização] exibe uma perversa paródia deles; age cuspindo no túmulo de nossos ancestrais, que trabalharam tão duro, por tanto tempo e de forma tão custosa para que pudéssemos ficar agasalhados, limpos, alimentados e devidamente cuidados, para então desfrutarmos das melhores coisas da vida. (DALRYMPLE, 2015)

Houve, portanto, uma primeira e importante quebra de paradigma, e podemos dizer que Daniels começava a desenvolver os contornos mais marcantes de seu futuro pseudônimo: Theodore Dalrymple. O jovem médico, que viera à África para reforçar velhas certezas, descobria que as palavras de ordem de sua geração expressavam perigosos equívocos. O embate seria dificílimo, pois paradigmas são duros de eliminar, em especial ao serem diretamente recebidos daqueles por quem temos mais afeto e a quem associamos mais prestígio, ou seja, os pais e os mestres. Nesse ambiente de implicações emocionais severas, o desejo de mudança assume proporções bíblicas, o que literalmente é o caso quando se pensa em Gênesis 12, 1: "Sai da tua terra, da tua parentela e da casa de teu pai, para a terra que te mostrarei". Isso significa que uma alteração de perspectiva dessa magnitude acarreta algum tipo de conversão. No caso de Anthony Daniels não se tratou, obviamente, de uma conversão religiosa, tampouco essa ausência esvazia o caráter profundamente transformador e pessoal da operação.

Voltando ao filme de Copolla, penso que o grande fracasso do herói do drama, Michael Corleone, ao não concretizar o rompimento com os grilhões do antigo paradigma, sucedeu-se na ausência de uma conversão. Michael Corleone não experimenta, em nenhum momento de sua história, uma real conversão. Faltou-lhe, segundo o teólogo James Alison, o característico despedaçamento do coração, em cujos escombros o verdadeiro herói reconstrói a sua identidade, a partir de um novo paradigma ou de um novo olhar. Aliás, o momento de maior tensão dramática do filme ocorre durante uma suposta e *falsa* conversão: o batismo em que Michael Corleone é o padrinho de um bebê. No exato momento em que finge abjurar ao mal, os seus capangas assassinam os rivais dos Corleone, e temos então uma espécie de paródia diabólica da conversão. Por trás da aparência socialmente respeitável de piedade e de religiosidade, o que se tem é um envolvimento completo com os mais hediondos crimes do velho paradigma.

Uma genuína conversão acarreta algum tipo de morte psíquica ou espiritual, da qual decorre o renascimento para uma nova vida. Esse é um processo que envolve um nível acentuado de sofrimento e de isolamento. Em seu *Fool or Physician* [Tolo ou Médico], Daniels oferece ao leitor um notável relato pessoal do que seria um processo dessa natureza. Em sua narrativa, nota-se uma real conversão e transformação interior, muito embora ele não trate a questão exatamente dessa forma.

Em determinado momento, Daniels sai da Rodésia e vai para a África do Sul procurar trabalho, após uma breve passagem por Moçambique. É bom lembrar que, na época, a África do Sul vivia sob o famigerado regime segregacionista do *apartheid*, e que a situação na Rodésia era sensivelmente diferente do ponto de vista da segregação racial. Ele passa rapidamente pela Cidade do Cabo e, logo depois, vai trabalhar em uma clínica médica em Natal. Todavia, foi em Edendale, uma *township*[8] no distrito negro de Pietermaritzburg, que Daniels nos relata os mais decisivos choques de mudança de paradigma.

> Diferentemente dos outros médicos, que tinham casas e apartamentos no centro da cidade, aos quais retornavam no final de suas jornadas de trabalho [nas *townships*], eu residia nas instalações do hospital. Portanto, encontrava-me isolado e só, restrito às dependências hospitalares, e impossibilitado de sair à noite em razão da extrema violência noturna de uma periferia sem iluminação. Eu não tinha como atravessar os quinze quilômetros até o centro da cidade, exceto caminhando, na esperança de encontrar carona, ou me aventurando nos ônibus negros – reservados aos negros – nos quais a minha presença era sempre vista com desconfiança [...] Sem dúvida que a minha ocasional presença nesses ônibus era avaliada, em determinadas regiões, como um gesto político subversivo ou mesmo heroico, a depender do ponto de vista; na verdade, eu queria apenas comer no centro da cidade. (DANIELS, 2011)

Nessa passagem, descrita com o bom humor característico do autor, é possível vislumbrar, não obstante, o sofrimento de alguém que se percebe agudamente isolado no meio de um ambiente largamente hostil e desconhecido. Em primeiro lugar, temos a hostilidade política do *apartheid*, que se fazia absolutamente insuportável para um jovem idealista como Daniels; em segundo, havia o estranhamento de se ver em meio a uma população negra e estrangeira, pela qual Daniels nutria simpatia, mas que, no fundo, e por razões óbvias, era-lhe profundamente distante. Portanto, em Edendale, não havia para ele sinal de conforto grupal, no qual ele pudesse

---

[8] As *townships* são áreas urbanas muito pobres da periferia negra das cidades sul-africanas.

reafirmar identidades conhecidas, muito menos a sensação de um lar. Provavelmente, ele se viu só no imenso deserto do drama humano. Trata-se, não obstante, de uma situação ótima para uma real transformação. É claro que o princípio da mudança é anterior, uma vez que ninguém abandona a segurança do grupo e se dirige sozinho ao deserto, sem antes carregar dentro de si um forte desejo de mudança.

No momento em que Daniels faz referência ao seu confinamento em Edendale, temos a exposição de seu grande embate interior. A concordância entre a dimensão física e a mental, isolamento espacial e psicológico, é perfeita. Uma mudança profunda surge como processo em fase de consolidação.

> Todos os dias, mas especialmente nos finais de semana, havia um pavoroso rastro de morte e destruição que desembocava no hospital em que eu trabalhava. Alguém que visitasse aquele hospital poderia pensar que talvez o lugar estivesse em guerra civil [...] Num único final de semana, cheguei a contar quarenta vítimas fatais de facadas [...] Aquela violência toda [os assassinatos e os crimes nas *townships*] fez-me levantar uma série de questionamentos. Caso eu estivesse disposto a desculpar os perpetradores desses crimes terríveis, justificando-os pela sua condição de miséria que os tornara criminosos – caso, em outras palavras, *comprendre tout c'est tout pardonner* – então, em nome da coerência, eu teria de igualmente desculpar os brancos por suas crueldades, as quais, na época, eu não estava disposto a perdoar. Por outro lado, se as pessoas fossem mais do que meras vítimas das circunstâncias, e se, em alguma medida, fossem senhoras de seu destino, então, o rastro de devastação humana que eu presenciava não era favorável ao comportamento dos africanos. Meu antigo temperamento filosófico procurava uma saída, na medida em que eu buscava uma solução totalmente consistente para o meu dilema: ou todas as pessoas eram

responsáveis por suas ações ou nenhuma era. Na época, ainda não me ocorria que o meu esquema, de *ou isso ou aquilo*, era inadequado para a realidade do mundo; em outras palavras, de que havia uma infinita gradação e graus de culpabilidade [e de responsabilidade]. (DANIELS, 2011)

O antigo paradigma de Daniels começou a ruir, e o seu colapso definitivo passou a ser uma questão de tempo. O radicalismo de uma indisfarçável vaidade intelectual, disposto em rígidos esquemas de "isso ou aquilo", entrou em processo de conversão. Trata-se de um processo que exige uma espécie de contrição mental e emocional: a consciência se vê obrigada a deixar as velhas certezas para trás, passando a contemplar a possibilidade de realidades mais matizadas e, consequentemente, menos subordinadas a uma única fonte teórica. Perde-se a segurança das certezas dogmáticas. Isso não significa necessariamente um rompimento com a metafísica, mas sim a adoção de princípios organizadores mais sutis e humanos. Em Edendale, Daniels conduziu o funeral de seu antigo herói iluminista, esclarecido e idealista, profundamente iludido com o mundo e consigo mesmo. Theodore Dalrymple surgirá como desdobramento intelectual desse processo.

Em razão de suas fortes experiências na África, creio que Daniels tenha começado a ficar progressivamente indisposto ante as abstrações simplificadoras, que tendem a separar pessoas, classes e gêneros em grupos fechados e incomunicáveis.

É difícil dizer até que ponto a sua experiência como médico em Edendale foi decisiva em seu rompimento com o antigo paradigma. No entanto, a narrativa que ele nos oferece é perfeita do ponto de vista simbólico. Todos os elementos centrais de uma real conversão estão presentes: isolamento, angústia diária, busca por respostas, conflito com as velhas ideias e revelação. Todavia, ainda faltaria na aguda inflexão pessoal de Daniels uma clara simbologia da renovação, na qual fosse apresentada uma gratificação pela mudança, no sentido de uma grata surpresa, ou mesmo um coroamento simbólico do processo. Eis que (na sequência) Daniels nos presenteia com a seguinte história.

> Numa manhã de domingo, eu caminhava por uma estrada poeirenta, mas que para mim vinha como alívio, depois de uma semana confinado nas dependências do hospital. De repente, fui atraído pelo coral, cantado em língua zulu, que vinha do interior de uma modesta igreja metodista [...] Assim que entrei na igreja, todos na congregação pararam de cantar e se viraram para mim. O assombro estampava-lhes as faces. Fiquei corado de vergonha e fui sentar-me no fundo da igreja [...] O serviço já estava terminando. Pensei então em sair de fininho antes que terminassem, sentindo-me envergonhado pela minha indevida intromissão, mas o pastor se apressou e veio me cumprimentar, tão logo encerrados os cantos. Era um grande momento, ele disse. Então, fui convidado a participar da refeição que fariam na sala ao lado. Aceitei e percebi que a minha anuência lhes dera imenso prazer. (DANIELS, 2011)

Uma página após esse relato, Daniels informa aos leitores que já era hora de voltar para casa, ou seja, retornar à Grã-Bretanha. O deserto cumprira a sua função e chegava o momento de viver segundo outras perspectivas. Seria quase desnecessário dizer que não houve conversão religiosa de qualquer tipo. Daniels continuaria fiel em seu ceticismo. O evento na igreja revela uma dinâmica mais ampla, que transcende especificidades estritamente religiosas. O jovem percorre em seu autoexílio um caminho aparentemente solitário, até perceber que não está só. Os seus *novos* amigos o esperam. O rompimento com o antigo paradigma enceta necessariamente um novo, e isso significa a criação de outros modos de pertencimento. Daniels não se converteu à igreja metodista, ou a qualquer outra denominação, mas houve, naquele singelo momento, uma real aproximação entre seres humanos que se reconheceram como iguais, apesar de todas as diferenças ideológicas, culturais, étnicas e políticas. É óbvio que um momento como esse não acarreta maiores repercussões práticas, uma vez que o seu valor é sobretudo simbólico. Mas é sempre bom lembrar que simbólico não é sinônimo de fictício, portanto, não são poucas as vezes que o símbolo condensa, em sua estrutura absolutamente sintética, a complexidade do real. Logo em seguida, Daniels nos informa: "Sentindo-me cada vez mais isolado no hospital, decidi voltar para a Inglaterra". Isso significa que a sua nova filiação cerrara as portas da antiga. Todavia, Anthony Daniels ainda não se metamorfoseara completamente em Theodore Dalrymple, uma vez que ainda lhe faltava cumprir a etapa final de sua conversão: voltar para casa e contar para os seus tudo o que vira, ouvira e fizera. Faltava ao médico Daniels gestar o escritor Dalrymple.

O MÉDICO E O SUBMUNDO

Em 1887, o ano da carta de Lev Tolstói a Biryukov, com parte da qual abrimos esta segunda parte de nosso estudo, um notável escritor escocês chamado Robert Louis Stevenson (1850-1894) chegava aos Estados Unidos para uma temporada prolongada. No ano de 1887, Stevenson já era uma celebridade literária. Assim que desembarcou em Nova York, ele concedeu uma entrevista ao *New York Herald* que foi publicada num pequeno artigo do jornal *Herald*, em 8 de setembro de 1887. A entrevista trazia a seguinte manchete: "Desenvolvidos em Sonhos: Robert Louis Stevenson Descreve Como Concebe Seus Enredos". Como era de se esperar, a primeira pergunta literária que Stevenson responder, durante essa entrevista, versava sobre a fonte de inspiração do seu mais recente romance: *O Médico e o Monstro* [*The Strange Case of Dr. Jekyll and Mr. Hyde*]. O repórter queria saber da origem imaginativa daquela história, de uma só vez insólita e fascinante. Stevenson responde dizendo que ele a recebera – quase pronta – durante um sonho.[9]

O livro *O Médico e o Monstro* foi um marco na história da literatura psicológica, e não deixou de ser notado pelas mentes mais preparadas da época. Em 1886, um dos pais fundadores da Sociedade de Estudos Psíquicos, o poeta, ensaísta, filólogo e investigador do psiquismo humano Frederick William Henry Myers (1843-1901), escreveu para Stevenson. Em sua carta, datada de 21 de fevereiro de 1886, Myers elogia a história sobre o Dr. Henry Jekyll e aproveita a oportunidade para sugerir algumas correções de ordem teórica e estilística, no intuito de aprimorar um texto que, segundo ele, tornar-se-ia um clássico. Realmente, mais do que um clássico da literatura, a história de Stevenson se tornou uma inesgotável fonte de conteúdos para as produções da então nascente indústria do cinema. Myers e Stevenson trocaram algumas cartas, mas o segundo nunca acatou as sugestões teóricas e estilísticas do primeiro. A questão primordial do romance (a duplicidade moral do Dr. Henry Jekyll) não indicava, e o próprio Stevenson faz questão de frisar esse ponto em sua correspondência com Myers (MAIXNER, 1998), uma suposta sexualidade reprimida do personagem central. Em primeiríssimo lugar, a intenção de Stevenson era abordar, da forma mais radical possível, o problema universal da imprudência dos homens, quando se creem astutos o suficiente para flertar com o mal e, em consequência disso, controlá-lo tecnicamente. Portanto, Stevenson, o romancista e autor da obra, sugeria ao psicólogo Myers que o dualismo do Dr. Jekyll

---

[9] "Acontece que na época eu estava sem dinheiro e precisava criar uma história diferente. Eu comecei a pensar e a pensar, num esforço para encontrar um tema que me entusiasmasse. Certa noite a história veio a mim em sonho, embora não exatamente nos termos como seria escrita, é claro, muito porque os sonhos são repletos de incongruências. Contudo, eu a recebi como um presente; e o que pode parecer ainda mais estranho é o fato de eu estar acostumado a sonhar as minhas histórias." Robert Louis Stevenson, *New York Herald*, 8 set. 1887.

não era de todo inconsciente, pois tinha sérias implicações morais. A transformação do *aparentemente* digno e pacato Henry Jekyll em seu duplo, o sádico e homicida Sr. Hyde, comportava sérias escolhas morais e espirituais; de fato, implicava uma enorme hipocrisia moral. O fato de o Dr. Jekyll não ser na obra de Stevenson mera vítima de um experimento científico malsucedido se manifesta, de forma absolutamente distinta, na relação mesma entre o nome do personagem principal, Jekyll, *I kill* [Eu Mato], e o seu duplo, Hyde, *hide* [Esconder]. Portanto, o que temos é "o incrível caso de um supostamente respeitável doutor homicida".

Mais de cem anos depois das cartas entre Stevenson e Myers, Theodore Dalrymple publicou em 2004, na revista *New Criterion*, um artigo intitulado "Mr. Hyde & The Epidemiology of Evil" [Sr. Hyde & A Epidemiologia do Mal]. O médico Dalrymple, que já passara longos anos trabalhando como psiquiatra dos segmentos mais problemáticos e violentos da sociedade, nos quais abundam as mais variadas versões de Sr. Hyde, chegava à conclusão de que a cultura popular britânica havia de fato incorporado as referências literárias e simbólicas de *O Médico e o Monstro* de Stevenson, mas sem uma devida compreensão de sua mensagem central. Pior ainda, os elementos centrais da história eram explicitamente subvertidos, no intuito de defender justamente o que Stevenson pretendera denunciar.

> Até as pessoas mais incultas, que nunca leram um livro sequer, usam [na Inglaterra] a metáfora do *Jekyll and Hyde*, e não é de se estranhar que as sutilezas da história original sejam então perdidas frente ao seu novo papel: justificar o comportamento dessa gente. (DALRYMPLE, 2004)

Dalrymple se refere à forma como os seus pacientes costumam se proteger psicológica e moralmente ao criarem um espantalho de Sr. Hyde, em cima do qual lançam os seus desvios e crimes, ao mesmo tempo que preservam o bom doutor Jekyll: a suposta real substância de suas personalidades.[10] No entanto, como bem sabem Stevenson e Dalrymple, essa é uma manobra maliciosa e, consequentemente, mendaz.

> Na boca do malfeitor, a metáfora [do *Jekyll and Hyde*] assume uma clara natureza exculpatória. A sua função é permitir que uma pessoa faça o mal e ainda assim se veja como essencialmente boa. Permite ao meliante dizer, como muitos já me disseram: "Não fui eu (Jekyll) que fiz essas coisas [horríveis], pois essas coisas eu (Jekyll) não faço". Foi um outro que as fez. Resumindo, o Sr. Hyde. *Ergo*, eu (Jekyll) sou inocente. (DALRYMPLE, 2004)

Há uma série de desculpas prontas e previsíveis que Dalrymple elenca aos seus leitores: excesso de álcool, drogas ou mesmo o *stress*, dentre outras. O sujeito se embebeda e bate em sua mulher. O grande culpado? A bebida. Logo, em primeira análise, o indevido consumo da bebida teria provocado a tentação de agredir. Assim sendo, seria o caso de perguntar o motivo pelo qual os grandes atletas do boxe não se embebedam antes de entrar nos ringues. A resposta é simples. Nesse caso, beber implicaria o contrário: apanhar e não bater. Esse singelo exemplo prova que o desejo violento ou "deformado" (para usar a linguagem do próprio Stevenson) *precede* os meios pelos quais ele potencializará a sua realização. Em outras palavras, o desejo de fazer o mal já está presente, e caso não seja coibido a tempo ele encontrará as duas grandezas de que mais precisa: (1) estimulantes que

---

[10] Não temos no Brasil, obviamente, uma cultura popular que faça uso corriqueiro dessa referência literária; não obstante, guardadas as devidas diferenças, temos a cultura evangélica do "satanás", que usa exatamente o mesmo procedimento ao culpar um agente externo, satanás (o Sr. Hyde), pelos desvios e/ou crimes cometidos pelo sujeito. Dessa forma, o sujeito nunca é o agente primeiro de seus maus feitos, já que o espantalho estará sempre lá para responder pelos crimes. O espantalho (Hyde, satanás, etc.) age como alguém ou algo que vem de fora e atrapalha a boa natureza das pessoas. Nesse sentido, há de fato uma expressiva convergência entre as duas realidades, e o próprio Dalrymple sugere, no texto sobre a obra de Stevenson, que o rousseaunianismo de seus pacientes evoca uma tradição exculpatória semelhante e mais antiga: o calvinismo e a sua ideia de predestinação.

potencializem a sua ação e (2) desculpas que neutralizem prováveis retaliações ou reparações. Portanto, o mal tem a sua lógica interna, cujo movimento obstrui necessariamente a ação do bem, e isso significa que ele age no sentido de expulsar o bem.

> Na parábola de Stevenson, torna-se cada vez mais difícil voltar a ser Jekyll, após os mergulhos na profundezas de Hyde. A partir de determinado limite, os poderes dos remédios perdem a eficácia, até desaparecerem. Jekyll se torna Hyde para sempre. "Os poderes de Hyde pareciam ter prosperado na debilidade de Jekyll." Caso o sujeito pratique o mal [e nele insista], esse sujeito se tornará maligno. Logo, o hábito faz o caráter. (DALRYMPLE, 2004)

A questão do mal – sua forma, conteúdo e ação – é central nas reflexões de Dalrymple. A prática como médico psiquiatra, entre criminosos e desajustados, deixou-o bem familiarizado com uma pletora de métodos cruéis, os quais são arbitrariamente utilizados pelos agentes do mal. Dalrymple começou a se preocupar com a escalada do mal no meio doméstico, principalmente no meio social britânico, junto ao qual ele desempenharia boa parte de sua carreira.

Uma vez posta a questão do mal, fundamental para uma devida compreensão do pensamento e da obra de Dalrymple, voltemos então a Anthony Daniels, em seu retorno à Inglaterra, após a profunda e transformadora experiência que tivera na África.

> [Assim que retornei à Inglaterra] não tive vontade de oferecer meus serviços médicos aos meus conterrâneos, uma vez que para mim havia uma tarefa mais vital: relatar as minhas experiências no sul da África. Com veremos, essa crença não foi recíproca [...] [No entanto], todas as manhãs eu me sentava numa escrivaninha e escrevia o que seria uma exposição definitiva e devastadora da sociedade sul-africana, na forma de um romance. (DANIELS, 2011)

Tão logo retornou a Londres, Daniels começou a escrever. Nele, havia um forte desejo de relatar aos seus conterrâneos britânicos a enorme complexidade dos dramas africanos, os quais ele testemunhara de perto. Ademais, Daniels procurava iniciar uma carreira literária. A sua vocação primeira como pensador dos dramas humanos continuava viva, fomentando o desejo de encontrar meios que pudessem viabilizar a sua inclinação para a vida intelectual. Após as experiências que tivera na África, Daniels sabia que a elite cultural progressista de seu país (da qual ele fazia parte) tinha uma visão exageradamente otimista e por essa mesma razão distorcida das populações colonizadas do universo africano. Embora o seu projeto de livro tivesse um caráter denunciatório, para Daniels a colonização europeia na África fora um erro; ele percebia, não obstante, que o "fácil otimismo" dos intelectuais, os quais davam por garantido uma suposta bondade e sabedoria naturais dos oprimidos, era uma farsa, cujas consequências poderiam ser absolutamente nefastas. Todavia, ainda era muito cedo para Daniels se lançar como escritor, e as debilidades estruturais de seu romance logo se tornaram aparentes. Ainda lhe faltava, como escritor, um sólido princípio organizador, imaginação criativa e maturidade literária. Portanto, ele se viu obrigado a interromper o seu projeto literário e retornou à conhecida rotina dos hospitais.

> Num primeiro momento, a redação parecia fluir. Mas logo ficou claro que só a experiência não seria suficiente para conceber um romance. Eu precisava de um princípio que organizasse o todo; mais importante, eu precisava de imaginação. (DANIELS, 2011)

> Minhas atividades literárias foram interrompidas, em duas ocasiões, pela necessidade de ganhar a vida. O problema era que eu encarava essa necessidade – afinal de contas eu tinha de comer – com o desprezo divertido de um artista diante de filisteus. (DANIELS, 2011)

Daniels abandonou temporariamente o seu projeto de escritor, e candidatou-se para trabalhar em hospitais em Birmingham, Shropshire e na região do East End em Londres. Essas experiências foram decisivas para que ele pudesse consolidar o novo paradigma. Sua primeira passagem na África fora apenas o prelúdio de uma suíte que teria, obviamente, outros movimentos.

Nos hospitais ingleses em que trabalhou, Daniels foi deliberadamente ao encontro do coração das trevas. O importante é perceber a sua busca pelas profundezas dos dramas humanos. O médico acolhia o investigador da alma para que juntos pudessem compreender – ou ao menos vislumbrar – os mistérios do drama humano.

> Eu tivera uma experiência suficientemente forte na África, agora eu queria mergulhar nas profundezas da loucura humana. O bizarro sempre me interessara, então me candidatei para um posto num hospital psiquiátrico no East End. (DANIELS, 2011)

Nesse momento, Daniels entrou em contato visceral com o sórdido universo dos guetos e dos bairros mais pobres da Inglaterra. Abandono, criminalidade, indigência, subnutrição, desespero, psicopatia, drogas, alcoolismo, brutalidade e loucura dominam nesses lugares a vida diária de pessoas que sucumbem à letargia dos vícios e dos impulsos mais grosseiros. Antes mesmo de trabalhar como médico psiquiatra no East End, uma das regiões mais degradadas de Londres e da Grã-Bretanha, Daniels já experimentara em Birmingham e em Shropshire os duros contornos psicológicos de pacientes que *grosso modo* pertenciam a uma grande categoria de desajustados sociais. Mais tarde, ele percebeu que essa categoria se disseminara, tornando-se uma espécie de epidemia social da miséria moral. Além disso, havia uma ideologia, na verdade uma visão de mundo, que fomentava o seu crescimento.

> A assembleia municipal [de Shropshire] juntara [na mesma clínica] todos os sujeitos desajustados e incômodos do município:

alcoólatras, mães solteiras, doentes mentais, psicopatas, ex-presidiários, epilépticos indigentes, ou seja, uma aglomeração de todas aquelas pessoas que eram evitadas ou temidas pela população local. Esses desajustados absorviam cuidados especiais da mesma forma que uma esponja absorve água, com a diferença de que, neles, o contato não produzia qualquer alteração. Olhavam para o serviço social de amparo como se este fosse um príncipe encantado. Como num passe de mágica, os serviços sociais teriam de transformar a vida dessas pessoas em algo que se assemelhava com o que vemos nas propagandas de bebidas. Quando o príncipe encantado falhava, o que inevitavelmente ocorria, essas pessoas se ressentiam. A experiência nada lhes ensinava: as suas expectativas nunca mudavam, tampouco a amargura provocada pelo evidente fracasso em cumpri-las. (DANIELS, 2011)

Daniels começou a identificar em seu próprio país um mal que, embora também existisse na África, contraía, no contexto britânico, características especiais. Havia uma cultura do submundo, forjada na violência das gangues e na leniência das autoridades públicas, que invadira com força total o repertório simbólico e a sensibilidade moral das camadas mais simples e suscetíveis da população, justamente o universo socioeconômico que mais necessitava de fortes anteparos morais e institucionais, para uma saudável condução de suas dinâmicas internas. Na África o mal maior era essencialmente político, na medida em que se expressava nas brutais relações entre governantes e governados, fossem em contextos coloniais, como no caso do regime do *apartheid*, fossem em contextos tribais, no caso as rivalidades étnicas. Na Grã-Bretanha, por outro lado, o problema do mal se colocava nas relações pessoais e familiares, o que o tornava, em certa medida, muito mais invasivo e disseminado. Esse mal "de baixa patente" se insinuava nas relações domésticas e invadia ruas, bairros e distritos, produzindo uma extensa classe de pessoas submersas no ambiente absolutamente vulgar e violento do submundo urbano. Portanto, havia, nas cidades inglesas, um acentuado processo de degradação dos valores, cujo movimento interno fomentava comportamentos progressivamente antissociais e até mesmo psicóticos nos setores de baixa renda.

> E quando se toma conhecimento das histórias de vida dessas pessoas, como foi o meu caso, logo se percebe que a existência delas está igualmente saturada do mesmo tipo de violência arbitrária que observamos nas vidas dos habitantes de muitas ditaduras. Todavia, nesse caso, em vez de um grande ditador, existem milhares de pequenos, cada um sendo o governante absoluto de sua própria e diminuta esfera, com o seu poder circunscrito pela proximidade de outro semelhante a ele. O conflito não fica confinado ao ambiente doméstico, espalha-se pelas ruas [...] Talvez, a característica mais alarmante desse mal de baixa patente e altamente endêmico, justamente aquele tipo de mal que nos aproxima da concepção de pecado original, seja o fato de ser espontâneo e não ser compulsório. Ninguém obriga que as pessoas o cometam [...] O mal é livremente escolhido. (DALRYMPLE, 2015)

O médico Daniels deparava com um submundo repleto de monstros e, consequentemente, de monstruosidades. Havia, deste modo, uma infindável sucessão de senhores Hyde(s) no contexto da sociedade britânica, todos igualmente portadores de pronunciadas deformações de caráter, as quais conduziam, não poucas vezes, ao crime, à loucura e ao suicídio. Mas, como bem sabia Stevenson, não existe um Sr. Hyde sem um Dr. Jekyll, uma vez que ambos constituem as duas faces da mesma moeda. Stevenson não foi um maniqueísta, mas muito pelo contrário; o mesmo podemos dizer de Theodore Dalrymple. Dr. Jekyll e Sr. Hyde formam um par indissolúvel, embora a relação permaneça oculta em sua simbiose na face escancaradamente deformada do Sr. *Hyde*. Nesse sentido, os desajustados das classes baixas constituem apenas o lado pronunciadamente visível de uma realidade muito mais sombria, cujos invisíveis mentores intelectuais geram o esteio do mal, a partir do qual a simbiose é construída.

Como bem sabemos, o Dr. Jekyll é o epítome perfeito daquilo que designamos por "aprendiz de feiticeiro", e o mesmo pode ser dito dos mandarins da cultura contemporânea, os quais pensam controlar aquilo que de fato não controlam. Pior ainda, a marca do aprendiz de feiticeiro, diante da catástrofe, é reforçar ainda mais a sua crença na feitiçaria, tornando o que já era ruim em algo muito pior. Esse comportamento revela uma profunda vaidade cuja manifestação tende à incorrigibilidade e, consequentemente, ao desastre.

Ao longo de seus primeiros anos no sistema médico-psiquiátrico inglês, Daniels percebeu que a elite intelectual e político-administrativa de seu país tivera uma enorme responsabilidade frente à decomposição dos valores. O desastre psicossocial que tomava conta da sociedade britânica tivera o seu laboratório na engenharia social de eminentes professores e escritores. Ao mesmo tempo, essa elite não admitia ser responsabilizada, nem mesmo por seus mais fragorosos e visíveis equívocos. A insensatez contraía duradouro matrimônio com a arrogância, e o Sr. Hyde seria então progressivamente submetido aos experimentos mais disparatados de um Dr. Jekyll consumido pela certeza de suas próprias e sombrias luzes. É claro que não se tratava (e não se trata) de um fenômeno exclusivamente britânico, e Daniels observou o mesmo fenômeno em outras nações do Ocidente. No entanto, em sua terra natal, essa decomposição do psiquismo nacional e das relações pessoais era particularmente grave.

> Melhor que milhões vivam desgraçadamente e na imundice do que as elites se sentirem mal sobre si mesmas – outro aspecto da frivolidade do mal. Além do mais, se os membros da

elite reconhecessem o desastre social causado por seu libertinismo ideológico, talvez se sentissem chamados a estabelecer restrições sobre o próprio comportamento, já que não se pode exigir de terceiros aquilo que se hesita fazer consigo mesmo. (DALRYMPLE, 2015)

A invencível incorrigibilidade da *intelligentsia* britânica, em face aos continuados desastres sociais que, em boa medida, ela mesma gerava, deu a Daniels as pistas que ainda lhe faltavam na incorporação definitiva de um novo paradigma. A partir de determinado ponto de conhecimento prático e teórico, a consciência de Daniels não mais se deixaria levar pela ideia de que homens e mulheres fossem fundamentalmente bons, ou de que o "mal seria um estado excepcional ou estranho à natureza humana". Isso significou, certamente, um rompimento com o radical idealismo de sua juventude. Todavia, esse rompimento não foi súbito e sim gradativo, ainda que inexorável.

O deserto muitas vezes inclemente das relações humanas, que ele enfrentara em seu próprio lar, e que, posteriormente, enfrentaria em suas primeiras experiências profissionais na África, fora o sugestivo prelúdio de uma desolação muito mais extensa: o submundo dos guetos, bairros pobres e presídios britânicos. O monstro estava lá para que o investigador do mal pudesse contemplá-lo na forma em que desejara: olho no olho. Todavia, ninguém sai ileso de um confronto dessa magnitude. Da mesma forma que o Enoque-Metatron da literatura mística dos antigos hebreus, Daniels-Dalrymple foi alçado para as altitudes do pensamento, e isso ocorreu sempre que ele retornou íntegro, embora exausto e machucado, de suas jornadas pelos vales sombrios da vida. O filósofo elucidou o caminho do médico, ao mesmo tempo que o último curou as feridas do primeiro. Houve, nessa trajetória, uma fantástica inversão da fórmula que aprisionara o Dr. Jekyll no Sr. Hyde, e o mal pôde ser precisamente identificado e combatido. Daniels começou então a criar os seus duplos, dentre os quais o mais célebre: Theodore Dalrymple. Desta feita, as figuras criadas não eram monstruosas; não havia um criminoso sádico a encobrir a falsa respeitabilidade de um doutor dominado pela soberba, mas justamente o contrário: a lucidez de quem desceu aos infernos e retornou vivo para dizer aos seus tudo o que lhe ocorrera.

O *nom de plume* Theodore Dalrymple apareceu em uma coluna médico-satírica do semanário britânico *The Spectator*. Com o nome sugestivo de "If Symptoms Persist...",[11] a coluna discorria sobre as inúmeras mazelas de um desiludido médico britânico, ainda que bem-humorado. As suas divertidas críticas eram dirigidas, indiscriminadamente, aos pacientes, colegas, ao sistema de saúde britânico e à sociedade como um todo. Na coluna de abertura, publicada em 18 de maio de 1990,[12] Dalrymple exibia, logo nos primeiros parágrafos, o seu estilo inconfundível.

> Nós médicos gozamos de excepcional autocontrole. Nossas carreiras duram quatro décadas, mas nunca, durante todo esse tempo, dizemos aos nossos pacientes o quão são repugnantes. Haverá outra profissão que se equipare à nossa em tolerância? Ter de esconder a repugnância que muitas vezes sentimos nos traz uma sobrecarga terrível: não é mero acaso o altíssimo índice de suicídio na classe médica. Dia desses foi a minha vez de sofrer tamanhos horrores, ao ter de examinar os dedos dos pés de uma senhora cujo problema específico é aqui irrelevante. O fedor era indescritível e ao senti-lo de perto fui literalmente arremessado contra a fria parede do ambulatório.

---

[11] Posteriormente, uma coletânea dessa coluna foi publicada em livros homônimos: *If Symptoms Persist* e *If Symptoms Still Persist*.

[12] O arquivo completo do *The Spectator*, desde a sua fundação em 1828, pode ser acessado pela internet, disponível em: <http://archive.spectator.co.uk>, acesso em: 10 jul. 2015.

– Eles terão que ser retirados! – exclamei, referindo-me aos pés da paciente.
– Mas por que, doutor? – perguntou-me a paciente, visivelmente alarmada.
– O cheiro, o cheiro!
Na verdade, esse foi um diálogo estritamente imaginário. O que eu realmente disse na ocasião foi:
– Obrigado, Sra. Jones, agora a senhora pode colocar os seus chinelos. Por que as pessoas não tomam banho antes de ir a uma consulta médica? (DALRYMPLE, 1990)

Temos aqui as primeiras considerações de Theodore Dalrymple. Embora o tom do relato seja sensivelmente cômico, o autor revela em suas primeiras linhas um objeto e um tema centrais: a classe baixa inglesa e a sua crescente falta de compostura e discernimento. Nesse momento, Anthony Daniels consolidara o seu novo paradigma – tornar-se Dalrymple – e reconhecia que boa parte da miséria humana é fruto de escolhas miseráveis, desde as escolhas mais singelas, como tomar banho antes de se dirigir a uma consulta médica, às mais decisivas. Estilos de vida destrutivos – geralmente imorais – eram livremente escolhidos e cultivados por muitos de seus pacientes, justamente aqueles que mais precisariam de boas e sólidas referências. Nesse universo social as pessoas escolhiam a miséria ou (pior ainda) eram induzidas por uma destrutiva e ascendente cultura do submundo.

Não faz muito tempo que tive um paciente – viciado em drogas – portador do HIV. Isso significava que as suas chances de desenvolver Aids[13] eram de 75%, dentro de cinco anos. Contrariando as minhas expectativas, ele não estava psicologicamente

---

[13] Na época em que este artigo foi escrito, em 1990, a Aids ainda era uma doença absolutamente devastadora e mortal.

arrasado e tampouco assustado. Na realidade, esse paciente acolhera o seu infortúnio com alegre determinação. Mas como alguém poderia se alegrar tendo sobre si tamanha sentença de morte? Em seu caso a resposta era simples: sua infecção, cuja existência ele jamais ocultava a ninguém de seu círculo social, o tornara irresistivelmente atraente a certo grupo de mulheres que desejavam jogar a roleta-russa do sexo [...] Sem dúvida que esse comportamento surpreenderia os *bien pensant*, os quais tendem a achar que o comportamento humano é sempre o resultado de cálculos racionais. Por outro lado, os leitores de Dostoiévski não ficariam surpresos [com esse tipo de comportamento]. (DALRYMPLE, 1990)

Dalrymple vinha ao debate público para mostrar que os grandes autores de antanho sabiam mais do que os cientistas sociais e filósofos de sua época, e que a técnica e os avanços científicos não bastariam. O mundo da ciência e da tecnologia se barbarizava diante do olhar atônito, embora lúcido, de um médico psiquiatra inglês.

A METÁFORA DO PECADO ORIGINAL

Antes de se apresentar como Theodore Dalrymple, Anthony Daniels criou outros pseudônimos. No período em que trabalhou e morou na Tanzânia, entre 1983 e 1986, Daniels escreveu artigos para o *The Spectator* sob o disfarce de um pseudônimo: Edward Theberton. Os artigos eram impiedosos com relação ao então governo socialista de Julius Nyerere (1922-1999), e Daniels sabia que teria de ocultar a sua real identidade, caso pretendesse continuar no país. Na Tanzânia de Nyerere, instalara-se um governo "esclarecido", cujo filósofo-rei, o próprio Nyerere, pretendia resolver os graves problemas de seu país extirpando, por decreto, a desigualdade entre as pessoas, as injustiças e a exploração do homem pelo homem. Em outras palavras, Nyerere fundava a sua República Filosófica.[14]

Diferentemente do ditador socialista, Daniels percebia a pobreza como uma questão mais profunda e ligada a fatores culturais, em sua harmonia ou desarmonia internas. Assim, para ele, a questão da pobreza não se restringia às análises e aos critérios oferecidos pelos padrões da ciência econômica.

> Comecei a pensar sobre a questão da pobreza enquanto trabalhava como médico nas Ilhas Gilbert,[15] no início da década de 1980. [Naquele lugar], a maior parte da população desconhecia uma economia monetarizada. Portanto, o seu PIB *per capita* era extremamente baixo. Todavia, as pessoas não viviam na pobreza. A vida tradicional que levavam lhes oferecia aquilo que os antropólogos chamam de uma generosa subsistência [...] O período que passei naquelas ilhas tornou-me descrente da autoridade econômica de índices como o PIB *per capita*, e passei a duvidar dele como critério eficiente na aferição de níveis de pobreza. (DALRYMPLE, 2010)

Ele concluía que a pobreza compreendia fatores mais amplos, tais como vida moral, saúde psicológica, ambiente familiar e tradições locais. Nesse sentido, havia menos pobreza nas Ilhas Gilbert do que na Grã-Bretanha, muito embora, em termos estritamente econômicos, o último país fosse infinitamente mais rico e poderoso do que o primeiro. Tratava-se de uma definição de pobreza alinhada a uma complexa visão dos meios pelos quais as sociedades humanas lidam com os seus problemas internos de escassez e

---

[14] Daniels publicaria, em 1989, usando o pseudônimo de Thursday Msigwa, um romance satírico que ridicularizava as desastradas experiências socialistas na África. O livro recebeu o nome de *Filosofa's Republic*.

[15] Ilhas de coral e atóis no Pacífico Sul que compreendem a nação dos kiribati, na região da Micronésia.

adquirem bem-estar e harmonia. Daniels percebeu que os pressupostos que embasavam as aferições socioeconômicas dos países africanos estavam, em boa medida, circunscritos a padrões estrangeiros de cultura, e que uma direta importação das categorias culturais do Ocidente, para contextos não ocidentais, seria uma operação bastante arriscada e com prováveis resultados contraproducentes. O mesmo ocorria com a importação das grandes abstrações e dos sistemas filosóficos do Ocidente. Nesse ponto, as boas intenções não bastavam, uma vez que os esquemas mentais ocidentais, os quais se ligavam à história e às instituições europeias, eram, não poucas vezes, incompatíveis com outros estilos de vida. Ainda assim, o problema mais grave se colocava na própria falta de qualidade das abstrações, as quais eram livremente adotadas pelos regimes dos países africanos. Na Tanzânia, Daniels testemunhara, *in loco*, as aberrações econômicas de um governo que insistia na visão oferecida pelas mais disparatadas utopias ocidentais, a despeito da distinta realidade histórica de seu meio cultural.

> Em 1967, Nyerere promulgou sua famosa Declaração de Arusha, que comprometia a Tanzânia aos ideais do socialismo e vindicava o fim da exploração do homem pelo homem, cuja existência favorecera um pequeno grupo, os ricos, em detrimento do restante, os pobres. Segundo essa perspectiva, um grande acúmulo de riqueza, fosse de indivíduos ou de nações, só poderia ser explicado pela lógica da exploração, ou seja, um procedimento moralmente ilícito. A explicação para a pobreza tornava-se, então, muito simples: algumas pessoas e nações haviam se apropriado da riqueza natural da humanidade [...] Assim, o governo da Tanzânia nacionalizou os bancos, apropriou-se das fazendas e da indústria, fixou preços e colocou toda a exportação sob o controle de organizações paragovernamentais [...] A isso, seguiu-se a coletivização forçada de toda a população rural [...] Quando expulsou as pessoas do campo

e de suas terras para que vivessem em cidades, Nyerere pensou que isso seria muito bom, pois assim a população poderia receber os serviços assistenciais do governo, tais como educação e saúde. Afinal de contas, os países ricos tinham populações saudáveis e educadas [...] Infelizmente, os tanzanianos não desejavam se reunir em cidades planejadas; eles queriam continuar a viver nas terras de seus ancestrais. Assim, muitos milhares foram presos [...] O resultado dos esforços para que o homem não mais explorasse o homem foi o inevitável colapso da produção econômica, o que empobreceu ainda mais um país já muito pobre. A Tanzânia passou de exportadora para importadora de produtos agrícolas, inclusive de alimentos. (DALRYMPLE, 2010)

O presidente Julius Nyerere comprara, no atacado filosófico europeu, as ideias de Rousseau (1712-1778) e de Marx, importando-as sem escala e aclimatações para a Tanzânia. O resultado foi uma catástrofe não só econômica, mas também cultural, moral e humana. À medida que os fracassos do seu governo se acumulavam, aumentava-se a dose de propaganda enganosa, controle governamental, censura e prisões arbitrárias. Daniels testemunhou a histeria coletiva que acompanha esse tipo de fracasso nacional. Em meio à crise generalizada, o governo passava a exigir uma progressiva adesão da população aos seus projetos e políticas, desconsiderando histericamente os sucessivos fiascos e o evidente agravamento da situação. Nesse quadro de loucura institucionalizada, a perda das liberdades e das garantias individuais se tornava diretamente proporcional à falência das ideias defendidas. Logo, quanto maior a ruína maior a repressão e mais aguda a insistência nos dogmas defendidos, e uma profunda ruptura coletiva com a realidade foi o resultado fatal desse processo, no qual se instalava uma terrível simbiose entre governo e sociedade.

Um jovem tanzaniano, que trabalha para mim, perguntou-me se eu o acompanharia nas celebrações da Liberdade da Tanzânia.

– Que liberdade? – questionei.

– Não se pode dizer nada, não se pode ler nada, não se pode comprar nada, não se pode ir a lugar nenhum.

– Até que você tem razão – ele admitiu. – Mesmo assim, somos livres.

– E você é livre para não participar das celebrações de seu governo? – perguntei.

Ele não era. Em cada grupo de dez famílias, havia um espião do partido, o chamado líder celular da comunidade. O não comparecimento à cerimônia promovida pelo governo seria notado e imediatamente reportado às autoridades. (THEBERTON, 1985)

Nas mãos desses governos, o suposto bom selvagem era constantemente vigiado e controlado, de fato escravizado, para que não pudesse jamais ser livre novamente. Ignoravam-se as pessoas e a própria realidade em nome das grandes abstrações. Por trás destas, havia ideias particularmente funestas e invasivas: "O homem é bom, mas desde o instante que um homem teve a necessidade do socorro de outro, a natural igualdade desapareceu e a propriedade se introduziu". Nessa poderosa e muito influente síntese filosófica, Rousseau inverteu, há mais de dois séculos, o sinal da metáfora do pecado original, inaugurando em boa medida o pensamento moderno. Prometeu libertava-se das correntes; porém, desta feita, não em desafio aos deuses, mas sim para submeter os homens.

Por mais que se critique Rousseau, ninguém poderá subtrair seus dois grandes méritos: (1) a excelência de seu estilo literário e (2) a forma absolutamente única em que foi capaz de capturar a crise de identidade da cristandade europeia. Antes de seus pares, Jean-Jacques Rousseau percebeu que a sociedade em que vivia, a Europa da primeira metade do século XVIII, abriria os caminhos para um novo mito fundador, o que em tese possibilitaria, ainda que de forma inarticulada, a criação de uma cosmogonia renovada. Rousseau seria o messias e o escriba da vindoura e filosófica mitologia moderna; afinal de contas, ele recebera a iluminação no caminho de Vincennes, e pensava compreender mais fundo os desafios de seu mundo.

Embora os seus escritos causassem sensação e polêmica, Rousseau escreveu para um público seleto. Ele sabia que poucas seriam as mentes que de fato compreenderiam o seu embate de fundo; por esse motivo exortava de forma insistente para que os seus leitores o lessem e o relessem com cuidado. Trata-se de um autor complexo e difícil, e o seu sistema integra um projeto ambicioso, cujas implicações mais profundas atingem o âmago do drama humano.

> O estado de natureza vem assombrando a consciência da modernidade. É um paraíso perdido que nunca existiu, é uma espécie de mito moderno. Se levarmos em conta a ideia de estado de natureza associada à de seu habitante, o bom selvagem, fica evidente o poder que Rousseau ainda exerce hoje, até mesmo sobre os incultos. Esse poder provém de algum lugar. Não quero desfazer a genialidade de Rousseau, mas tampouco creio que isso se deva unicamente a ela. A profundidade e o poder de seu pensamento vêm da profundidade e do poder da realidade contra a qual está lutando. Diferente de outros pensadores do iluminismo francês, ele não rejeitou o cristianismo simplesmente, buscando outra coisa. Ofereceu uma alternativa real. Se o *Emílio* puder ser considerado um substituto moderno para a *República* de Platão, então o *Discurso sobre a Origem da Desigualdade* poderá também ser pensado como um novo Antigo Testamento. Rousseau era audacioso. (ALBERG, 2007)

Em seu notável estudo[16] sobre a obra do genebrino, o professor Jeremiah Alberg nos alerta para a importância da dimensão teológica

---

[16] Jeremiah Alberg, *A Reinterpretation of Rousseau: A Religious System*. New York, Palgrave Macmillan, 2007.

em Rousseau. De fato, ao seguir os conselhos de Rousseau e ler cuidadosamente a sua obra, percebe-se, como alguns eruditos perceberam, que a doutrina da bondade natural não é o ponto de partida do sistema filosófico de Rousseau, mas sim a conclusão ideal e derradeira de seu longo conflito teológico com a ideia do pecado e, consequentemente, com a ideia da necessidade do perdão. Assim sendo, o princípio rousseauniano da bondade natural dos homens se fundamenta no mito de uma perdida inocência primeira, cuja suposta existência invalida a necessidade do perdão e, portanto, prescreve a noção de pecado original. Dessa forma, no complexo sistema rousseauniano, o nível mais profundo e sutil gira em torno da necessidade ou não do perdão. A questão é mais complicada do que parece num primeiro momento. Quem é inocente não necessita, obviamente, de perdão, mas a dificuldade é fazer da inocência uma categoria fundadora.

Rousseau se ressente de seus antigos acusadores, pois sabe que são hipócritas e piores do que ele; como ousam então perdoá-lo? No caso, o direito de perdoar está fundamentado no direito de punir, e, consequentemente, na condenação prévia de um crime cometido. Nessa perspectiva, o perdão funciona sobretudo para reforçar o prestígio e a autoridade de quem perdoa. Portanto, em tese, o perdão acentua a desigualdade entre os pares. Daí a necessidade teórica de uma inocência primeira, pois só assim os homens se libertarão de suas mútuas e infrutíferas vaidades e acusações. Logo, no mundo natural de Rousseau (idealmente fundamentado) não há o que perdoar. As implicações de tamanha concepção são seriíssimas.

De forma deliberada, Rousseau inverteu a tradicional relação teológica entre perdão e pecado, colocando o último na frente do primeiro. Um leitor pouco acostumado com as sutilezas da teologia dirá que Rousseau estava certíssimo ao colocar o pecado antes do perdão, pois primeiro temos uma transgressão, o pecado, e só depois teremos o eventual perdão da transgressão cometida. Sim, a ordem dos fatos é essa, mas a ordem da consciência sobre os fatos é inversa. Nesse sentido profundamente teológico, que não escapou totalmente a Rousseau,[17] mas que escapa à maior parte de seus defensores e/ou críticos, constata-se a impossibilidade de reconhecer a existência do pecado, sem antes haver o movimento do perdão. Só o perdão revela integralmente o pecado. A mera acusação é incapaz de iluminar uma falta na consciência de quem a cometeu. Em maior ou menor grau, as acusações provocam apenas reatividade. Ao se perceber acusado por uma suposta falta cometida, um sujeito qualquer reagirá de forma espontânea e provavelmente acusará o seu acusador, como faz Rousseau contra os Cavalheiros, e como também fazem as pessoas em geral. Rousseau quis se libertar exatamente dessa cadeia reativa, e aqui está o seu gênio. No entanto, ao não aceitar a anterioridade *teológica* do perdão, embora a vislumbrasse, restou-lhe o refúgio do contrato social. Impossibilitados de exercer o perdão no sistema de Rousseau, os homens precisariam de uma redobrada vigilância no exercício das virtudes civis. Em última análise, Rousseau propõe um movimento que visa suprimir a necessidade e o escândalo do perdão por meio de uma nova crença: a perfectibilidade humana. Mediante esforços coletivos sobre-humanos, Rousseau pensava ser possível tornar os homens perfeitos, isto é, sem pecado.

O movimento para fora da necessidade do perdão promove a alienação das relações humanas, e Rousseau foi o primeiro a percebê-la. Haveria apenas o indivíduo em sua solidão existencial. Caberia aos homens então aprender a controlar civicamente os seus desejos em nome do bem e da vontade geral. Rousseau foi o mais austero dos moralistas. Uma vez que o estado "natural" de inocência (na verdade, hipotético) fora irremediavelmente perdido em épocas primitivas, durante o qual havia, pelo menos em tese, ausência de vaidade, inveja,

---

[17] Rousseau percebeu a anterioridade teológica do perdão no sistema cristão, mas isso o *escandalizava*. Embora Rousseau se visse como cristão, ele não aceitava a mediação humana como elemento central da Revelação. "A grande ironia é que, na tentativa de chegar a um Deus razoável e não violento, Rousseau criou um Deus que sanciona a vingança humana. Ora, Rousseau termina por perpetuar exatamente aquilo que os Evangelhos pretendem destruir." Jeremiah Alberg, *A Reinterpretation of Rousseau: A Religious System*, op. cit.

conflito e acusações, restaria à sociedade moderna promover o bem do interesse comum via contrato social, em oposição aos interesses isolados e privados de cada indivíduo. Assim, o inimigo comum já se subentende em cada homem e em cada cidadão. Os deveres dos homens estariam calcados no esforço de cada sujeito na supressão de seus interesses privados.

> Quem quer que se recuse a obedecer a vontade geral deverá ser obrigado por todo o corpo a fazê-lo; o que significa apenas que ele é obrigado a ser livre. Soberania é violência. É a força que o corpo político tem para mover os seus membros. (Rousseau, 1968)

Liberdade significa libertar-se da cadeia acusatória, mas, no sistema de Rousseau, isso é feito ao se anular a necessidade do perdão, o que acaba por criar outra necessidade, e muito mais austera: o rígido compromisso cívico de uma sociedade virtuosa. Ora, a reabilitação de uma suposta liberdade natural por meio de um poderoso e soberano ente de razão, ao qual os homens se sujeitam no intuito de recuperar o sentido de uma suposta paz original, é a representação mais exata de um autoritarismo que se pretende filosoficamente esclarecido. Trata-se de um raciocínio que na verdade atualiza o mecanismo arcaico das expulsões violentas. A expulsão de um mal tido como absoluto, os interesses privados, ocorrerá em nome de um bem visto igualmente como absoluto: o interesse comum. Mas isso é pura dogmática arcaica. Novamente, no sistema de Rousseau não há o que perdoar, pois o que se tem é a constante retificação das virtudes cívicas pela educação. Assim sendo, o hipotético estado de natureza é então recuperado pela mais brutal racionalização da vida, o que não deixa de ser uma tremenda ironia. Nesse sistema, as contradições e as características próprias de um indivíduo são achatadas pelo imenso peso do interesse comum.

Todavia, um nível tão alto de abstração das relações humanas só se viabilizará na pulverização da consciência do indivíduo, junto à massa amorfa da vontade geral. As faltas e os acertos serão rearranjados para fora dos dramas pessoais, e o interesse comum se tornará uma espécie de fantasia coletiva, por meio da qual as histórias das pessoas serão interpretadas na tábua rasa da ideologia das virtudes cívicas. Portanto, o pecado não desaparece, e aqui está a grande falha estrutural do sistema de Rousseau, mas passa a ser um só: a não conformidade com o chamado interesse comum, o qual não deixa de ser uma abstração cuja contrapartida institucional, na vida concreta das pessoas, passará pela mediação dos príncipes e dos filósofos. Eis que o sistema de Rousseau se revela como um velho conhecido desta humanidade perversa! O príncipe e o seu conselho de sábios a governarem, com mãos de ferro, os desejos violentos e desconexos das massas humanas. A novidade está na forma como os sábios modernos justificarão a autoridade sagrada de seus (novos) mandamentos, baseada agora em abstrações filosóficas, e não mais em "tolas superstições". O povo continuará a ter fé, embora, desta feita, nas divindades dos filósofos: Igualdade, Justiça, Liberdade, etc.

Espero não ter aborrecido o leitor com tamanhas digressões teológicas e filosóficas, mas essa pequena exposição teórica da ideia de pecado original se impõe neste estudo, pois essa metáfora fundamenta a base da antropologia de Theodore Dalrymple. Ele não toma o pecado original em seu sentido literal, tampouco aprofunda a questão em suas dimensões mais teológicas. Como já dito, Dalrymple não é um homem religioso, muito embora a sua compreensão de natureza humana se encaixe com certa precisão nas categorias centrais da tradição judaico-cristã. Diferentemente de Rousseau, Dalrymple percebe a necessidade de conceber o homem "em pecado".

Em Dalrymple, o mal está inscrito no coração humano, da mesma forma que, no mesmo coração, inscreve-se o potencial para o bem. Nesse ponto, Dalrymple se aproxima do entendimento teológico de *concupiscentia*, no sentido de estado desordenado do desejo humano, cuja manifestação indica uma propensão para o pecado e, portanto, para o mal. Dalrymple não discute as implicações teológicas dessa propensão e a sua relação com um pecado original. Para ele é suficiente perceber a verdade antropológica por trás da "metáfora" e aceitar a dura realidade: a inclinação humana para cometer o mal, ainda que o bem se ofereça como possibilidade real.

Grande parte do entendimento que tem sobre o conceito de pecado original, Dalrymple o toma não das *Escrituras*, mas da literatura laica. Em seus escritos mais teóricos sobre o tema do mal, é possível perceber nas obras de William Shakespeare e de Joseph Conrad dois de seus maiores modelos literários, para uma antropologia fundamental. Dalrymple toma a literatura desses dois autores como base universal, para uma devida compreensão das contradições e complexidades do coração humano. Eles teriam capturado a singular natureza do psiquismo humano em sua infinita capacidade de exercer o bem e o mal. Não há uma vitória final sobre o mal, mas o lento caminhar de um animal capaz de identificar o valor insuperável de ser bom, na medida em que intui o bem. Portanto, não se trata de uma visão maniqueísta, tampouco de uma visão que ingenuamente descarte a realidade do mal.

> O coração das trevas é aquele que bate em cada um de nós, esperando o momento de sua plena liberdade. Conrad era materialista e ateu, mas, em boa medida, ele acreditava no pecado original, que estaria inscrito em nossa natureza biológica. (DALRYMPLE, 2006)

Em seu livro sobre o teatro de Skakespeare,[18] René Girard, ao analisar *O Conto do Inverno*, mostra ao leitor como o bardo inglês tinha no pecado original uma verdade e um mistério intransponíveis. Por trás da aparente mansidão da mais ideal das relações, eis que surgiam, no seio de cordeiros gêmeos, os velhos e terríveis conflitos humanos.

---

[18] René Girard, *Shakespeare: Teatro da Inveja*. São Paulo, É Realizações, 2010.

> Se os cordeiros gêmeos são o melhor que os seres humanos conseguem ser no quesito inocência, se o conflito sem sentido está desde sempre espreitando atrás do relacionamento que mais se aproxima de nossa ideia de perfeição, como pode a tese do homem intrinsecamente bom ser defendida? Aos olhos do autor [de Shakespeare], os cordeiros não são uma refutação do pecado original, mas uma formidável confirmação. Elevando-se acima da malícia e do pretexto das peças anteriores, *O Conto do Inverno* nos convida a enfrentar o espírito da discórdia em todo o seu horror. Dessa vez, a meditação sobre os amigos de infância não se dissolve na ambivalência do desejo perverso; ela leva diretamente à doutrina da queda. (GIRARD, 2010)

Shakespeare intuiu como ninguém a inesgotável capacidade humana de gerar inveja, rivalidade e violência. Em sua obra, o mal está sempre à espreita, pronto para desarranjar e corromper os mais lindos e nobres relacionamentos. O bardo nos obriga a pensar o drama dos homens, e todo o corolário de calamidades que o envolve, em sua própria constituição *humana*, sem a desculpa dos fatores culturais, econômicos e ambientais, aos quais em geral imputamos a origem de nossos problemas. Esse compromisso de atingir as mais fundas camadas dos dramas humanos, para que, em meio à operação, seja possível revelar a insuperável complexidade de nosso psiquismo, faz de Shakespeare o autor favorito de Theodore Dalrymple. Por vezes, tem-se a impressão de que Shakespeare é tudo que Dalrymple precisa como fundamento antropológico, e o resto virá por acréscimo.

> Ao desnudá-lo [Macbeth] de qualquer justificativa filosófica ou política, real ou imaginária de seus atos – por exemplo, ao não fazê-lo afirmar que o rei que ele suplanta é um mau rei e que mereça ser deposto; por não deixá-lo fingir sequer por um momento que ele age pelo bem de seu país e de seu povo – Shakespeare vai direto ao coração do mal humano, considerado *sub specie aeternitatis*. Shakespeare

se interessa pelas essências da natureza humana, não pelos acidentes da história, embora ele saiba claramente que cada homem deve viver em uma época e lugar em particular [...] Macbeth representa cada um de nós, quando retirados os escrúpulos morais. Ao privar Macbeth de qualquer predileção particular pelo mal que não seja comum a todos os homens, livrando-o de qualquer circunstância possível que pudesse justificar ou ocasionar suas ações, Shakespeare se aprofunda, atingindo a linha divisória entre o bem e o mal que percorre cada coração humano. (DALRYMPLE, 2015)

Nesse trecho, há uma explícita antropologia da alma. As escolhas, ainda que decisivas, não garantem resultados predeterminados. Uma virtude mal dosada pode se transformar em vício, e um sistema qualquer, mesmo que amparado pelos mais capacitados, pode entrar em colapso. Logo, o mal sempre zombará das fórmulas de convivência fabricadas nos laboratórios das ciências sociais. Não há como eliminá-lo, porque ele está inextricavelmente ligado ao próprio bem. Para o sujeito humano, combater o mal significa menos um suposto rompimento com este e mais um estreitamento dos laços com o bem. Explico. Existem linhas divisórias entre o bem e o mal, mas elas são débeis e imprecisas, ao menos na condição humana. Cabe ao coração humano identificá-las em cada circunstância e em cada dilema. A fim de obter um sucesso minimamente satisfatório nessa difícil empreitada, o coração dos homens e das mulheres precisará de bons modelos para seguir. Portanto, muito mais importante do que apontar o dedo em riste para o mal, é fomentar o que se conhece como bem.[19] O mal nos engana o tempo todo, principalmente quando o promovemos em nome de *um*

---

[19] Não posso deixar de citar um trecho magnífico de *Reflexões sobre a Revolução em França* de Edmund Burke: "Ao dar ouvidos somente à presença do mal, vossos líderes tomam as coisas na balança única dos vícios e das faltas, reverenciando-os além da conta. É sem dúvida verdade, ainda que aparentemente paradoxal, mas, em geral, aqueles que se entregam rotineiramente à identificação e exibição dos defeitos do mundo não estão habilitados ao trabalho da reforma, uma vez que, destituídos dos padrões da justiça e da beleza, desconhecem o deleite que decorre de sua contemplação. Ao se dedicarem ao ódio, pouco sabem do amor".

bem maior. Por essa razão, devemos evitar caracterizá-lo como coisa, situação ou práticas específicas, pelo menos em seu sentido primeiro, que é justamente a acepção do pecado original.

Ao romper vigorosamente com a tradição do pecado original, Rousseau coisificou o mal, e este pôde ser identificado nas ruas e nas praças: os ricos, a ciência, os poderosos, a desigualdade, etc. Infelizmente, esse é um procedimento cujos resultados são contrários ao esperado: em vez de minimizar o mal, ele o aumenta.

Não há nada mais vital para o coroamento final dos males humanos do que um mecanismo vitimário solidamente instalado, desconsiderando aqui a sua orientação específica: política ou religiosa, ideológica ou teológica. Na óptica do pecado original, tanto faz se o alvo é o rico ou o pobre, o burguês ou o proletário, o negro ou o branco, a elite ou a massa, o judeu ou o cristão, a mulher ou o homem, já que o fundamental é o sacrifício do *outro*. A própria divisão estanque em categorias desse tipo representa o passo fundamental de futuras acusações. Por outro lado, os bons modelos atenuam as divisões radicais ao promoverem, em geral, a reconciliação das partes via moderação, auxílio, prudência e *perdão*. Em certo sentido, as tradições antigas comportam um repositório formidável de bons modelos dessa natureza, e é por isso que não podem ser levianamente abandonadas.

Dalrymple tem em William Shakespeare o seu grande modelo intelectual; este foi o seu verdadeiro pai espiritual. Houve um significativo deslocamento de Anthony Daniels até Theodore Dalrymple. Nesse processo, o hipotético bom selvagem perdeu autoridade e, aos poucos, o jovem progressista cedeu espaço ao psiquiatra conservador. Podemos dizer que Dalrymple nasceu nos escombros de um idealismo fracassado, e que esse nascimento retratou uma quebra de paradigma. É bom que se perceba que uma mudança dessa ordem não comporta uma simples reorientação política. Dalrymple nos diz muito pouco sobre as suas preferências partidárias, e é mesmo possível captar, em seus textos, certa proximidade que ele mantém, entre amigos e conhecidos, tanto com os setores progressistas quanto com os conservadores. Portanto, caracterizar Dalrymple como um conservador não significa caracterizá-lo politicamente dessa forma, porque os conservadorismos são muitos, e poderíamos dizer que Dalrymple é sobretudo um shakespeariano. Mas, por outro lado, esse alinhamento adulto com o conservadorismo custou-lhe certa ingenuidade e mesmo uma vaidade que cultivara quando jovem.

> Quando eu era jovem e inexperiente, eu acreditava em meus pacientes. Sentia-me muito satisfeito comigo mesmo. Assim, era para mim um choque, toda vez que insistiam em suas misérias mentais, apesar de meus insistentes protestos. Afinal de contas, minhas palavras não haviam surtido grande efeito. Na época, eu pensava que jogara pérolas aos porcos; mais tarde, comecei a notar a profunda verdade contida na máxima de La Rochefoucauld: "É mais fácil dar bons conselhos do que recebê-los". Ao considerar a minha própria vida, percebi que se tratava de uma grande verdade. A maior parte das decisões erradas que eu tomara, especialmente as piores e com as mais graves consequências, eu as havia tomado conscientemente, em plena ciência das consequências. Se eu fora salvo do pior, isso se devia mais à astúcia da terra do que às luzes do esclarecimento. (DALRYMPLE, 2006)

Daniels sobrevivera e amadurecera. Os pseudônimos foram surgindo, como expressões pontuais de seu desenvolvimento pessoal, profissional e intelectual. Aos poucos, o médico-filósofo cresceu e alcançou outros públicos. Theodore Dalrymple vinha para nos falar da vida, em suas profundas implicações intelectuais e morais.

3. OBRA: QUESTÕES E DISCUSSÕES EM DALRYMPLE

INFELICIDADE E DEPRESSÃO

A complexa relação entre virtude e felicidade constitui a base da filosofia clássica. Sabendo-se que, em tese, as pessoas buscam a felicidade, seria a virtude condição necessária ou mesmo suficiente na obtenção da felicidade? O grande problema é a forma como as pessoas concebem o que seria uma vida feliz. Riqueza, saúde, beleza e reconhecimento são bens intrinsecamente positivos, na medida em que a sua benfazeja manifestação não se esgota em limites preestabelecidos. Por exemplo, alguém com saúde não rejeitará uma saúde ainda mais exuberante. Mas, por outro lado, um sujeito muito saudável será necessariamente feliz? E o mesmo poderíamos dizer de pessoas ricas, belas, famosas, etc. Sabemos que esses bens não garantem a felicidade, mas, mesmo assim, eles continuarão a absorver a quase totalidade das nossas expectativas. Inclinamo-nos para eles como as mariposas inclinam-se para a luz. O grande problema com esses bens, todavia, é a sua aparente neutralidade moral. A beleza de uma mulher desleal será incapaz de anular a sua perfídia; ou, ainda, ninguém medirá a lealdade de um sujeito julgando a harmonia de seus traços.[1] Logo, esses bens precisam de mediadores que os coloquem na perspectiva correta.

---

[1] A tradição aristotélica desenvolveu uma conhecida escola de fisiognomia, o suposto conhecimento do caráter pelos traços faciais, mas isso apenas reforça o argumento central de uma beleza que precisa ser compreendida à luz da sabedoria, para que seja moralmente apreendida. É óbvio que esse tipo de conhecimento pode gerar (e gerou) equívocos terríveis.

O esforço central da filosofia socrática foi o de estabelecer uma escola de sabedoria, uma ascese, que pudesse mediar esses bens pelo olhar do bem maior: a verdade na perfeição da alma. Todavia, o projeto socrático ficou para trás, perdido nas caligens de um tempo que há muito se foi, ainda que o segredo da felicidade continue a distrair a mente de nossos psicólogos, cientistas e sábios de plantão. Por que a felicidade quase sempre nos escapa?

Em uma de suas considerações sobre a questão da felicidade, Theodore Dalrymple faz uma breve referência ao escritor russo V. G. Korolenko (1853-1921), o qual, certa vez, disse que "o homem nasceu para a felicidade da mesma forma que os pássaros nasceram para voar", ao que Dalrymple complementa com um retumbante sarcasmo: "Sim, da mesma forma que os ratos nasceram para o heroísmo". Assim, Dalrymple se aproxima mais de outro escritor russo e contemporâneo de Korolenko: Dostoiévski. Para este, os humanos raramente encontram a felicidade, uma vez que, em geral, não sabem desejar o bem e a virtude, e mal conseguem se libertar dos caprichos mais destrutivos. No universo dostoievskiano, polifórmico e repleto de duplicidades, os homens mentem e dissimulam o tempo todo; são homens completamente equivocados, tanto em relação a si mesmos quanto em relação aos outros, ainda que, enquanto puderem, adornarão as suas mentiras com o verniz da razão e do idealismo. Em Dostoiévski, um orgulho invencível parece corroer o íntimo de personagens enredados pela inveja, absolutamente fascinados uns pelos outros, até o paroxismo da loucura e do assassinato. Nesse universo de extrema idolatria do homem pelo homem, cujo movimento tende à tirania das relações pessoais e coletivas, uma profunda conversão é a única saída, mas este é um tesouro raro, e um duradouro contentamento é praticamente inviável. Em suma, Dostoiévski compreendia a modernidade como uma era imprópria ao vicejar de felicidades duradouras.

Em seu romance *Memórias do Subterrâneo*, Dostoiévski ridiculariza aqueles que concebem a razão como ente supremo do bem ou como uma espécie de divindade salvadora, como fez o positivismo. O herói do romance, o homem do subterrâneo, atesta o óbvio quando diz que "a razão não é mais do que a razão e só satisfaz a capacidade humana de raciocínio". Por si só, a razão é mero instrumento de cálculo, *ratio*, e, como tal, servirá fielmente aos mais disparatados e apaixonados projetos. Quando muitos anos mais tarde outro escritor disse que, em sua essência, o nazismo fora esoterismo alemão mais as divisões *panzer*, havia uma exata referência a essa mistura, muitas vezes fatal, entre razão e paixão no espectro do drama humano: o mais avançado rebento tecnológico, a máxima expressão do talento racional alemão, era justificado e criado no caldeirão de paixões absolutamente insanas, ou seja, havia, nesse caso, um verdadeiro casamento "da razão com o pesadelo". Por conseguinte, a razão não subentende o discernimento do bem, e isso não significa dizer que o bem não possa ser racionalmente apreendido, mas apenas que a razão tem os seus limites. Com assustadora exatidão e força literária, Dostoiévski percebeu que a razão em si mesma pouco auxiliava os homens na repressão de seus violentos desejos.

> Cumulem-no de benesses, atafulhem-no de aventuras, proporcionem-lhe uma satisfação econômica tal que não tenha mais nada a fazer senão dormir, comer melaço e procurar que a história universal não se interrompa; pois até assim, por ingratidão, por maldade, o homem há de cometer infâmias. Atirará fora o seu melaço e desejará propositadamente absurdos capazes de levá-lo à perdição, coisas insensatas e inúteis, só para acrescentar a essa prudência positiva um elemento destruidor fantástico. O homem deseja a todo custo conservar os seus quiméricos sonhos, a sua rasteira sandice, só com o fim de afirmar a si próprio. (DOSTOIÉVSKI, 1963)

Essa é uma passagem que o Dr. Dalrymple certamente subscreveria ao pensar em seus pacientes. Haveria, então, uma exata inversão da fórmula de Korolenko, e alguém poderia dizer que o homem nasce para a *infelicidade*, da mesma forma que os pássaros nascem para voar. No entanto, a pessoa que, em nossos dias, dissesse tamanha enormidade, seria imediatamente taxada de pessimista ou coisa pior; mas nem sempre foi assim. Os filósofos socráticos sabiam que a felicidade sempre foi um pássaro fugidio, cuja natural errância precisaria ser reformada na trabalhosa ascese da sabedoria, para que ele pudesse retornar com mais frequência.[2] No mundo em que vivemos, no entanto, a felicidade, como tudo mais, transformou-se em bem de consumo; pior, transformou-se em direito. Cabem aos mercados e aos governos proverem a mercadoria e o direito em questão aos seus ciosos cidadãos-consumidores. Esse é um ambiente no qual se espera (melhor, se exige) que todas as vantagens devam coexistir em harmonia. Todas as portas devem estar abertas ao mesmo tempo, e o céu é o limite. Desse modo, o que se tem é um completo divórcio entre condição pessoal e objetivo almejado, esforço e resultado, estilo de vida e *status* psicológico, etc. Nesse ambiente mental um tanto quanto dissonante, a felicidade e principalmente o seu inverso – a infelicidade – passam a depender única e exclusivamente do meio e das circunstâncias externas às pessoas. A responsabilidade pelo paraíso prometido será sempre do outro.[3]

---

[2] "Esse é o sentido profundo da maiêutica socrática. Sabemos que no *Teeteto* Sócrates conta que tem a mesma profissão de sua mãe. Ela é parteira e assistia aos nascimentos corporais. Ele é parteiro de espíritos: assiste-os em seu nascimento. Ele mesmo nada engendra, pois nada sabe, somente ajuda os outros a engendrar a si próprios." Pierre Hadot, *Exercícios Espirituais e Filosofia Antiga*. São Paulo, É Realizações, 2014.

[3] Recordo-me de um programa de debate futebolístico em canal fechado, em que um comentarista responsabilizava um clube de futebol, o contratante, pelos repetidos atrasos aos treinos e pelo continuado despreparo físico de um notório jogador problemático, cujos envolvimentos pessoais com alguns criminosos do tráfico vieram a público. Apesar de seu vultoso salário e dos mimos de celebridade que recebia da imprensa, o jogador era tratado, pelo comentarista, como vítima indefesa de uma fria cidade capitalista. Portanto, o clube, que já pagava um salário astronômico para um jogador constantemente sem condições de jogo, teria agora de providenciar uma intensiva assistência psicológica, para que esse jogador pudesse, então, se sentir suficientemente feliz no exercício de suas atividades profissionais.

> [...] Ademais, é um dos defeitos mais graves da cultura moderna e do Estado de bem-estar social o fato de ambos desencorajarem esse autoexame [o honesto autoexame da consciência] ao estimularem a atribuição de todas as misérias aos outros. Desse modo, acabam por exercer uma influência nefasta sobre o caráter humano. (DALRYMPLE, 2008)

O sujeito que anseia a felicidade, e não a obtém, não reconhecerá em suas escolhas e em seu estilo de vida, ao menos não abertamente, os elementos decisivos na construção de ambientes favoráveis ou desfavoráveis à manifestação de uma vida feliz. Assim, uma aguda ausência de felicidade – a infelicidade – será avaliada como uma deficiência a ser imediatamente reparada, uma insuficiência cuja manifestação será imputada ao meio (um agente externo qualquer), desconsiderando-se a sua natureza específica: econômica, familiar, médica, governamental, astrológica, ambiental, etc.

> Nesse caso, é preciso dizer algo a respeito do termo "depressão", que eliminou quase por completo o termo "infelicidade" ou mesmo o conceito na vida moderna. Dos milhares de pacientes que tratei, apenas dois ou três disseram que eram infelizes, todos os outros alegaram estar deprimidos. Essa mudança semântica é altamente significativa, pois implica que a insatisfação com a vida é em si patológica, uma condição médica, e que seria responsabilidade do médico aliviá-la por meios médicos. Dentro dessa lógica, todos têm direito à saúde; depressão é falta de saúde; portanto, todos têm direito de ser felizes (oposto de ficar deprimidos). Essa ideia, por sua vez, implica que o estado mental de alguém – ou o humor de um sujeito – atua de forma independente do modo como esse sujeito leva a vida, uma crença que necessariamente priva a existência de todo o seu significado humano, desconectando, de forma radical, a recompensa da conduta. (DALRYMPLE, 2015)

Nesse trecho, Dalrymple esclarece que o psiquismo humano ultrapassa meras quantificações bioquímicas. Não há uma fórmula para a felicidade, e muito menos um remédio para a infelicidade. Em seu polêmico *Manufacturing Depression: The Secret History of a Modern Disease* [Fabricando a Depressão: A História Secreta de uma Doença Moderna], Gary Greenberg vai mais longe ao afirmar que a depressão, embora seja uma aflição, e que, em alguns casos, possa estar hipoteticamente ligada a uma patologia cerebral, ainda que desconhecida pela ciência atual, nada mais é que a tradicional infelicidade com nome de doença.[4] Não é o caso de discutir aqui, obviamente, minudências neuroquímicas relacionadas ao fenômeno da "depressão"; porém, mesmo que por vezes uma depressão clínica se imponha como patologia, Dalrymple faz questão de frisar a forma como o termo "infelicidade", outrora comum, foi deliberadamente apagado dos exames pessoais de consciência. Poucos são os que hoje se dizem infelizes, uma vez que isso implicaria o reconhecimento de um fracasso pessoal, mesmo que de forma implícita.

Em sociedades obcecadas com a ideia de sucesso, a infelicidade será automaticamente tomada como um grave insucesso; portanto a sua constatação arremessará o sujeito no mais baixo patamar das imagens e autoimagens socialmente consagradas. Nesse quadro de referência, a infelicidade se torna um tabu tão estigmatizante quanto o insucesso, e aí reside a grande armadilha da ideia de felicidade como um direito: não demora muito até que esse direito se torne um dever, cujo não cumprimento provoca condenação e vergonha. Em vez de aceitarem a

---

[4] "*Sou feliz o suficiente?* – tem sido uma marca da autorreflexão dos EUA, desde que Thomas Jefferson declarou o nosso como o primeiro país da Terra dedicado à busca da felicidade. *Não sou feliz porque estou doente?* – é, por outro lado, uma questão que surgiu nos últimos vinte anos. Esse é o sentido no qual a depressão foi fabricada – não como uma doença, mas como uma ideia sobre o nosso sofrimento, sua fonte e o seu alívio, sobre quem somos ao sofrermos dessa maneira, e quem seremos quando formos curados. Sem essa ideia de fundo, o mercado dos antidepressivos seria insignificante. Mas com ela, esse mercado se tornou virtualmente ilimitado." Gary Greenberg, *Manufacturing Depression: The Secret History of a Modern Disease*. New York, Simon & Schuster, 2010.

infelicidade como um dado comum, o mais comum da experiência humana, tratando-a com a devida profundidade de reflexão, os habitantes do mundo atual forjarão falsas alegrias crescentemente histéricas e calcadas em prazeres fúteis, e, consequentemente, passageiros, os quais, por sua vez, agravarão ainda mais o quadro geral de infelicidade.

Essa carência de profundidade nas reflexões pessoais exprime, em certa medida, a morte da introspecção. Não obstante, o exercício da introspecção é vital, pois só assim os descontentamentos da vida podem ser devidamente ruminados e quem sabe resolvidos na hermenêutica de uma sabedoria acumulada. No entanto, a cultura atual funciona em bases diametralmente opostas, nas quais o exibicionismo vulgar, a perda da intimidade e a consequente destruição da profundidade estão na ordem do dia. Nesse universo, as soluções à disposição são em geral ruidosas e apressadas. Quem tem tempo para a introspecção? A chamada cultura do Prozac é o caso mais explícito desse tipo de autoengano, no qual as pessoas passam a conceber a felicidade – e a si mesmas – como uma tecnicalidade resolvida mediante rápidas e indolores intervenções externas.[5]

> Não obstante, a prescrição desse remédio [o Prozac], assim como a de outros semelhantes a milhões de pessoas, não reduziu de forma significativa a soma total de miséria humana e de perplexidade diante da vida. Uma era de ouro da felicidade ainda não chegou: a promessa de uma pílula para cada mal permanece, como sempre permanecerá, irrealizada. Qualquer um que tenha lido sua dose de Shakespeare não se surpreenderia com essa decepção. (DALRYMPLE, 2015)

Portanto, de um lado, verifica-se uma grave dissociação entre a semeadura (da conduta) e a colheita (da fortuna); de outro, em total

---

[5] A frase "mas eu só quero ser feliz", sistematicamente repetida pelos atuais e numerosos litigantes da felicidade, é o exemplo mais preciso da corrente ideia de felicidade como direito e mercadoria.

comunhão com o primeiro, constata-se uma crescente susceptibilidade diante do fracasso ante a almejada felicidade. O resultado social e psicológico desse malogrado casamento é devastador, e o que se tem é um aumento significativo dos estados de hipocondria, consumo de drogas, alcoolismo e diversões rasteiras, junto ao natural desdobramento cultural desse cenário: crescimento do materialismo grosseiro, rebaixamento geral da cultura e uma profunda alienação social. Portanto, a questão específica da depressão, como máscara de uma real infelicidade, revela-nos a ponta de um *iceberg* psicológico e moral.

Voltemos então aos gregos socráticos em sua antiquada insistência na contemplação das verdades via introspecção, exercícios espirituais e retidão moral. Eles sabiam que uma abundância de bens materiais e de direitos públicos não garantiria a conquista da felicidade, mas pelo contrário, uma vez que exorbitantes doses de riqueza, beleza, técnica e conforto conduziriam os homens, na ausência de uma sabedoria trabalhada na ascese, ao tédio, vício, perversidade e, porventura, autodestruição.

Em seu sentido mais abrangente, a infelicidade não se restringe às frustrações pessoais dos indivíduos, seu aspecto mais nuclear, mas se estende como manifestação universal das misérias humanas. Por vezes, a infelicidade de um sujeito é tão somente uma peça no enorme mosaico das misérias que envolvem nações inteiras, ou mesmo uma civilização. Nesse ponto, Dalrymple sublinha a infelicidade que brota de todos os cantos da Grã-Bretanha, como se fosse o sintoma de uma epidemia da degradação moral, cujo alastramento fomenta tipos variados de miséria emocional, econômica, estética e política.

Na falta de eficientes modelos de transcendência, dos quais dependem as felicidades duradouras, a cultura e as pessoas tendem naturalmente ao vazio e, consequentemente, à infelicidade. Não se está dizendo aqui que as pessoas devam adotar uma divindade como guia de vida, mas sim que na falta de objetivos verdadeiramente transcendentes, os quais podem ser encontrados, por exemplo, nas artes, na filosofia e mesmo na ciência e no conhecimento, os homens e as mulheres perdem o fio de Ariadne da felicidade. Quando as pessoas deixam de contemplar as coisas que estão no alto, a vida se torna vazia e desprovida de recursos eficazes que as permitam suportar "os pesares com maior dignidade e menos sofrimento".

> Não obstante nossa inédita prosperidade, nós britânicos não somos tão felizes quanto deveríamos ser, ao menos se as causas da felicidade humana forem majoritariamente econômicas. Acontece, porém, que consumo crescente não é o mesmo que satisfação crescente. Ainda assim, ninguém sabe ao certo o que mais seria necessário. Antidepressivos nos reservatórios de água, talvez? (DALRYMPLE, 2008)

> Quando trabalhei, por um breve período, como uma espécie de correspondente de vulgaridades para um jornal britânico – eu era enviado a todos os lugares em que os britânicos se reuniam para se comportar mal –, descobri, para minha surpresa, que em grupo as pessoas da classe média se comportavam com a mesma desinibição ameaçadora dos que lhes eram supostamente inferiores em posição social e educação. Eles xingavam, ofendiam, faziam gestos fascistas e urinavam nas ruas com o mesmo abandono que atribuíam aos proletários. (DALRYMPLE, 2008)

Diante desse cenário, pode-se dizer que para além da depressão, o que temos são *deprimentes* estados morais, psicológicos e sociais. A infelicidade reina, mas ninguém a reconhece. Ironicamente, o agravamento geral da infelicidade produz de fato um ambiente cultural de acentuada depressão, mas no sentido literal de um vale profundo e abaixo do horizonte, no qual as pesadas brumas da irresponsabilidade e da fantasia afogam habitantes inertes. É nesse contexto que Dalrymple costuma situar os habitantes da atual Grã-Bretanha, como também de modo geral do Ocidente. Nesse clima de infelicidade medicada com antidepressivos, o livre-arbítrio se torna um *fetiche*, um bem usado em ocasiões solenes, especialmente aquelas em que o seu exercício significa se entregar às mais tolas fantasias e aos mais grosseiros apetites. Mas, tão logo venha a conta da experiência concreta, o livre-arbítrio será imediatamente escondido na sagrada caixinha da autocomiseração. A sua existência será esquecida e o cheque das frustrações será compensado no grande banco do alívio psíquico dos empréstimos farmacológicos.

Diante da responsabilidade pelo fracasso, o procedimento evasivo é absolutamente corriqueiro nas relações humanas, e o encontramos na famosa frase de Caim, quando perguntado do paradeiro de Abel: "Acaso sou guarda de meu irmão?". É do interesse humano fugir à responsabilidade, desde que o resultado se mostre negativo. Transferir responsabilidade é o mais antigo dos procedimentos. Por outro lado, a vida adulta subentende a consciência de que as escolhas têm consequências e que, portanto, o livre-arbítrio responde tanto pelo sucesso quanto pelo fracasso. Mas quem precisa de uma vida adulta, quando o mercado e a sua cultura *pop* prometem a fantasia da juventude eterna? E quando o governo promete a fantasia da eterna indolência do pão e do circo?

> Ele [o adulto] é reduzido ao *status* de criança, embora uma criança mimada e dotada das capacidades físicas de um homem adulto: petulante, exigente, lamentoso, egoísta e violento, caso não consiga as coisas do seu jeito. A violência aumenta e se torna um hábito. Um adolescente malcriado se torna um tirano maligno [...] Existe uma aliança ímpia entre a esquerda, que acredita que o homem é dotado de direitos sem deveres, e os libertários da direita, os quais acreditam que a escolha do consumidor é a resposta para todas as questões – uma ideia avidamente adotada pela esquerda, sobretudo naqueles setores nos quais não se aplica. (DALRYMPLE, 2015)

Hoje em dia, a infantilização da vida adulta tornou-se um problema grave, especialmente no mundo ocidental. A perspectiva de uma infância prolongada se torna muito sedutora em sociedades crescentemente competitivas e impessoais, em suas relações de trabalho. No mundo da indústria de massa há muito se perdeu o importante vínculo entre ancestralidade e determinadas atividades profissionais, em particular aquelas transmitidas de mestre para pupilo. Nesse contexto, um pai marceneiro prefere que seu filho frequente uma faculdade, em vez de lhe ensinar a sua arte. O filho então escolherá sua futura profissão, dentre uma miríade de possibilidades igualmente distantes de sua experiência concreta. Ele estudará com determinadas pessoas, especializar-se-á com outras e, finalmente, passará de uma corporação a outra, sem qualquer vínculo afetivo ou motivação que superem os interesses financeiros e/ou a necessidade de "subir na carreira". Pertencer à sociedade do alto consumo será a grande finalidade, o maior dos sonhos; e esse jovem passará boa parte de suas horas livres jogando *videogame*, embebedando-se com os colegas de última hora e pulando, em solipsismo, ao som ensurdecedor de ritmos estanques.[6] No entanto, o fenômeno da atomização da vida na sociedade de massa não é novidade, uma vez que há pelo menos um século os escritores se dedicam a ele. Todavia, nos últimos trinta anos esse fenômeno se tornou particularmente deletério ao ser incorporado, de forma sistemática, nas políticas públicas de entretenimento de massa e nas políticas de auxílio financeiro aos jovens. Essa situação parece ter se tornado bastante grave na Grã-Bretanha.

Além do mais, o Estado britânico retirou, de várias áreas importantes da vida humana, a responsabilidade que tem o indivíduo

---

[6] Vem-me à mente um ex-aluno meu que tinha entre 25 e 30 anos. Era um jovem trabalhador, atraente e sensível, mas que vivia absolutamente envolvido com metas de venda, projeção na carreira corporativa, *raves* regadas de *ecstasy*, longas sessões de *videogame*, musculação intensa e adoração a carros esportivos. Sempre soube que ele representava um abrangente perfil psicossocial, quase um arquétipo, e havia nele uma inegável disposição empreendedora, mas, ao mesmo tempo, eu percebia um paradoxo menos agradável: manifestava-se, ali, certo envelhecimento precoce na forma de um prematuro desencanto com as pessoas, e uma infantilidade tardia na busca obsessiva por entretenimento e emoções fortes.

sobre si mesmo e sua família: saúde, educação, providência, pensões e (ao menos para um quarto da população) habitação. A renda que lhes resta, deduzidos os impostos, ou recebida do seguro-desemprego, é, portanto, uma espécie de mesada, e os aspectos mais sérios do orçamento pessoal de um sujeito, justamente os mais chatos e incômodos, passam então à responsabilidade do governo [...] A armadilha em que caíram as pessoas, nessa dialética psicológica e economicamente debilitante, não é um fenômeno marginal, mas de massa. (DALRYMPLE, 2015)

Trata-se *grosso modo* de uma população que consumirá *ecstasy* (dentre outras drogas) em seus momentos de euforia e antidepressivos nos momentos de angústia, ambos os momentos regados com generosas doses de álcool. No médio prazo, o resultado será o aprofundamento da infelicidade, no transcorrer de um processo acompanhado de uma inevitável miséria moral. Nesse contexto de excesso de estímulos químicos, estéticos e eróticos, ocorrerá um desgaste prematuro das sensações e um cansaço precoce com a vida, em razão de um natural esgotamento ou uma exaustão dos prazeres sensoriais, o que precipitará uma espécie de falência estética. Soma-se, a isso, um grave rompimento psicológico, no qual a necessidade de ingresso à existência adulta é sistematicamente evitada. O que se tem, como resultado mais comum desse processo, é uma generalizada alienação entre pessoas incapacitadas para a vida adulta. Ademais, o afeto e a generosidade rareiam nesse ambiente insuportavelmente frustrante. Em suas relações raquíticas, homens e mulheres se encerram, cada qual, em universos paralelos de prazeres passageiros e autocomiseração. São vidas cujo propósito central jamais transcendeu a esfera dos caprichos. Nesse volumoso bolo de infelicidade e de miséria emocional, não haveria de faltar, é claro, a esperada cereja: erotização infantil.

Uma jovem e inteligente paciente de vinte anos veio me procurar na semana passada para se queixar da monotonia da vida.

Ela abandonara os estudos aos 13 anos a fim de se dedicar, em tempo integral, aos seus encontros sexuais, mas a empolgação inicial desgastara-se, deixando um rastro acinzentado e uma vaga repulsa autodirigida. É claro que, na época em que iniciou a vida sexual, ela já comprara a crença de que isso seria a chave para a felicidade e para toda a realização; que nada mais importaria. Porém, como acontece a todas as descrições monocromáticas da vida, isso provou ser uma amarga decepção. (DALRYMPLE, 2015)

No mercado *pop* das sensações e da excitação sem fim, o sexo é demanda que nunca se esgota e oferta que nunca vacila. O apelo sexual se estende por quase todas as nervuras da publicidade, uma vez que se infiltra até nos ambientes mais insuspeitos e nas situações mais inadequadas. Praticamente, não há mais anúncio de cerveja ou de meras sandálias em que não se induza a promessa da sonhada gratificação sexual, ao menos no Brasil. Beber determinada cerveja ou calçar um simples par de sandálias remete o consumidor a um universo repleto de beldades apolíneas e dionisíacas, no qual o sujeito (homem ou mulher) é colocado diante de um ídolo sexual. A bem da verdade, não há nada de muito novo nesse tipo de sugestão. O público ocidental adulto vive, faz algum tempo, em sociedades crescentemente secularizadas, as quais passaram a frequentar, mais aberta e despreocupadamente, os estimulantes eróticos oferecidos pela literatura, pelo cinema, pela televisão, etc. Em certos aspectos, creio que esse processo tenha sido benéfico. O problema não é o erotismo em si, mas a forma como as sugestões eróticas se tornaram cada vez mais intensas e explícitas, e, principalmente, sua atual indiferença à idade que as contempla. As crianças foram arremessadas para o universo da sugestão erótica, cuja decorrência é a abrupta interrupção da própria infância. Houve a indevida quebra de algumas restrições fundamentais, as quais preservavam limites importantes, cuja existência dificultava, embora não eliminasse, a ação dos diversos predadores sexuais.

Uma vez que certos limites são ultrapassados, tais como o da idade do consentimento, e que são, em certa medida, arbitrários mas, não obstante, socialmente necessários, esse tipo de transgressão tende a erodir todo o resto. Portanto, as crianças habitam, cada vez mais cedo, um mundo altamente erotizado, e a pressão sobre elas para que exibam um comportamento sexualizado também começa cada vez mais cedo. (DALRYMPLE, 2015)

O quadro se completa: abundância de meios, consumismo como estilo de vida, ética dos direitos sem deveres, assistencialismo estatal, autocomiseração constante, materialismo desenfreado, atomização da vida e irrestrita promoção dos prazeres passageiros e das sensações rasteiras. Creio que Sócrates diria, caso ainda vivesse entre nós, que aí se reúnem todos os elementos da tragédia, cuja articulação conduz a alma à mais completa e absoluta miséria. Redarguiríamos que estamos tão somente deprimidos, afinal de contas, buscamos a felicidade com afinco, mesmo quando ela se recusa insistentemente a nos bater à porta. Diríamos que tal desventura se deve sobretudo à falta de saúde: o cérebro e os seus hormônios resistem a colaborar conosco. Talvez, Sócrates, compadecido de nossa ignorância, resolvesse aplicar-nos um pouco de sua maiêutica, para que pudéssemos perceber as gritantes inconsistências de nossos argumentos. Teria ele êxito? Possivelmente, em alguns casos, mas creio que ele logo se aborreceria e nos recomendaria uma reflexão: a felicidade é algo que buscamos, mas do qual pouco ou nada entendemos.

A seu modo, Dalrymple aplica a maiêutica em seus pacientes, embora o reconhecimento do erro nem sempre leve ao acolhimento do acerto. Em uma passagem simplesmente deliciosa de *Nossa Cultura*, Dalrymple conta como costuma desmascarar a irresponsável autovitimização de pacientes que sofrem, sistematicamente, nas mãos de namorados e maridos violentos. Essas mulheres se apresentam como vítimas e se dizem deprimidas. Cabe, portanto, ao doutor, por meios farmacológicos, suprimir a doença. Na realidade, buscam a cumplicidade da ciência perante a suposta falta de sorte que pensam ter ao reproduzir constantemente, em suas vidas, padrões de agressão e de violência doméstica. Dalrymple questiona:

> – Da próxima vez que você estiver pensando em sair com um cara, traga-o aqui para que eu possa inspecioná-lo, então direi se você pode sair com ele.

> Isso nunca falha ao provocar a mais miserável e mais "depressiva" risada. Essas garotas sabem exatamente o que estou dizendo, e não preciso falar mais nada. Elas sabem que a maior parte dos homens que escolhem ostenta, em todo o seu ser, os males que as prejudicam […] E elas entendem que, se eu posso identificar esses males instantaneamente, já que elas sabem o que eu estaria procurando, da mesma forma elas poderiam fazer o mesmo; portanto, elas são em grande escala responsáveis pela própria destruição nas mãos de homens malignos. (DALRYMPLE, 2015)

Em uma sociedade de deprimidos crônicos, Dalrymple percebe que a melhor opção seria sair dos fundos vales da irresponsabilidade e da autodestruição. Os planaltos mais ensolarados da virtude e da sabedoria estão certamente à espera, embora poucos suportem a escalada.

CULTURA E CONTRACULTURA

Há nos Estados Unidos um interminável e muitas vezes acalorado embate cultural entre os setores que percebem a década de 1950 como uma gloriosa idade de ouro da sociedade norte-americana, vista como diligente, prudente e defensora da vida moral, e aqueles que veem na década seguinte, a década de 1960, o grande momento de libertação, dessa mesma sociedade, das algemas do racismo, machismo e belicismo. Em seus extremos, esses setores tornaram-se irreconciliáveis. Teríamos, então, a geração notadamente conservadora dos anos 1950, que venceu o nazismo e tirou os EUA da Grande Depressão, mas que se contrapõe ideologicamente à geração seguinte, a do *baby boom*, muito mais idealista e sonhadora, que lutou pelos direitos civis contra o arraigado racismo sulista e que se opôs ao fiasco do Vietnã. Ao ser apresentado dessa forma, o embate mais se assemelha a uma peça de propaganda, em que cada lado se toma como o representante exclusivo do bem e das mais significativas realizações. No entanto, a história sempre surpreende os dualismos fáceis.

Em primeiro lugar, é preciso tomar certos cuidados com as caracterizações entre gerações, uma vez que as fronteiras são difusas. Por exemplo, os principais líderes intelectuais e artísticos do movimento da contracultura dos anos 1960 não vieram do *baby boom*, uma vez que nasceram durante a guerra ou mesmo antes, como foi o caso de Jerry Clyde Rubin (1938-1994), um dos ícones da contracultura dos anos 1960, e de Robert A. Zimmerman (1941), Bob Dylan, simplesmente um dos mais influentes letristas e compositores populares do século XX. Em segundo lugar, "a ideia de que os *boomers* compreenderam, em seu grosso, uma geração de *hippies* esquerdistas, contrários à guerra do Vietnã, é desmentida pelo fato de serem numerosas as lideranças da direita, na década de 1990, cujos membros nasceram nessa geração" (RISING, 2010). Não obstante, é possível afirmar que surgiu, notadamente nos anos 1960, um novo e crescente movimento antitradicionalista nos EUA, o qual fora gestado nos *campi* universitários frankfurtianos, na literatura *beat* dos anos 1950 e na nascente indústria *pop* do entretenimento. A contracultura do sexo, drogas e *rock n' roll*[7] surgiu no exato momento

---

[7] É importante dizer ao leitor que este autor aprecia esse gênero musical, muito embora desaprove a nefasta cultura das drogas normalmente associada ao gênero.

em que a sociedade norte-americana se tornava o centro cultural do mundo livre.

Embora tenham se caracterizado como o grande centro propagador da contracultura,[8] os EUA dispunham (e ainda dispõem) de eficientes anticorpos culturais e religiosos, os quais reagiram com contundência sempre que os desvios mais perigosos associados aos estilos de vida do universo "alternativo" precisaram ser controlados. O mesmo não ocorreu, contudo, com a Grã-Bretanha, e os efeitos da contracultura foram indubitavelmente muito mais corrosivos na ilha da rainha. Não houve, na Grã-Bretanha, eficientes anteparos econômicos e religiosos que pudessem reciclar e suavizar os excessos da contracultura. Por outro lado, o impressionante dinamismo comercial e social norte-americano digeriu, no âmbito da sociedade de mercado e do reino da prosperidade, os produtos da contracultura, inclusive os seus elementos mais subversivos.

Há no contexto norte-americano uma inevitável integração ao universo do *business*, o que faz com que todos se tornem mais cedo ou mais tarde profissionais do entretenimento e agentes universais da prosperidade econômica. Para bem e para mal, a força do dinheiro e a aberta possibilidade de projeção pessoal esvaziou, nos EUA, uma parte considerável dos conteúdos alternativos da contracultura, enfraquecendo-os como fixadores permanentes de novos hábitos. Naquele país, uma determinada onda de cultura alternativa (de contracultura) será

---

[8] "[Em seu início] nos anos 1960, o lar espiritual da contracultura foi a região de São Francisco – CA, que foi colonizada por uma miscelânea de *hippies*, bandas de *rock* e estudantes militantes. Mas, logo em seguida, a Grã-Bretanha adotaria o ritmo psicodélico [de São Francisco]. Bandas como o Pink Floyd começaram, então, a forjar as novas fronteiras da criatividade musical, enquanto diversos 'eventos' ajudavam a gerar uma nova identidade coletiva baseada num estilo de vida 'alternativo'. A imprensa *underground* foi importante, nesse momento […] Não conformismo e exotismo tornaram-se sinônimos de contracultura, como também a autoexploração das fronteiras internas e externas, o que inspirava as diversas 'viagens', tanto as para a Índia quanto as que percorriam os caminhos do LSD." In: Bob Moore e Henk van Nierop, *Twenty Century Mass Society in Britain and the Netherlands*. Oxford, Oxford International Publishers, 2006.

rapidamente varrida pela próxima, e teremos o *hippie*, o *punk*, o *heavy metal*, o *grunge*, o *rapper*, sucessivamente. Como legado, no entanto, permanecem os milhões de produtos e ingressos vendidos, a contínua exposição no *show business* e a integração ao *beautiful people* do imenso caldeirão da indústria *pop*. O que realmente conta é a linguagem do sucesso no mercado de consumo. Do ponto de vista da contracultura há, no entanto, um difícil paradoxo nessa composição: por definição, a cultura do sucesso no livre mercado é antitética à noção mesma de contracultura. Podemos dizer então que, ao contrário dos britânicos e dos demais países europeus, os norte-americanos não viveram a contracultura, eles apenas a venderam.[9]

Além disso, nos EUA da segunda metade do século XX, as reivindicações da contracultura ficaram expressivamente à margem do grande embate interno: as perspectivas conservadoras *versus* progressistas de uma cultura nacional ainda largamente cristã.[10] Nesse ponto, a agenda da contracultura foi rapidamente absorvida pelo projeto político e cultural dos *liberals*. As bandeiras do antibelicismo, igualitarismo, ambientalismo, dentre outros *issues*, passaram a integrar as propostas do progressismo do Partido Democrata, o que esvaziou a importância política da contracultura, tornando-a mera franja subcultural dos setores mais radicais dos democratas. Portanto, nos EUA, a contracultura jamais pôde fazer a revolução.

Talvez, as motivações ideológicas da contracultura e os seus efeitos práticos, em especial sobre a sociedade e a cultura britânicas,

---

[9] Cometo um exagero retórico, mas ele revela como as diferenças internas entre as culturas são decisivas na condução dos processos históricos transnacionais. Um elemento relativamente inofensivo para uma sociedade pode ser, não obstante, absolutamente devastador para outra. Basta ver, por exemplo, o efeito da aguardente sobre as culturas indígenas. As culturas comportam-se de maneira semelhante aos organismos biológicos, pois há, entre elas, expressivas diferenças de resistência e de assimilação diante de estímulos semelhantes.

[10] Ver Frank Lambert, *Religion in American Politics: A Short History*. New Jersey, Princeton University Press, 2008.

comportem a discussão central da obra de Theodore Dalrymple, principalmente em seus últimos livros. Em um de seus escritos mais recentes, Dalrymple afirma que a vital conexão entre arte e comportamento (social e antissocial) ocorreu-lhe, pela primeira vez, quando ele ainda era estudante de medicina. Na ocasião, ele saía de uma sessão de cinema em que acabara de assistir ao célebre *Laranja Mecânica* [*A Clockwork Orange*] de Stanley Kubrick (1928-1999). O filme se baseava na distopia homônima de Anthony Burgess (1917-1993), na qual um jovem psicopata chamado Alex e a sua gangue vivem existências regadas na brutalidade e no sadismo. A distopia de Burgess foi publicada em 1962, durante o despertar da contracultura. Quando da exibição do filme em Londres, entre 1971 e 1972, Dalrymple pôde observar jovens ingleses vestidos de *drugues*, ou seja, fantasiados como os sádicos camaradas da ficção. Esses rapazes flertavam alegre e levianamente com o universo de extrema crueldade retratado na obra e no filme.

> O filme teve recepção controversa na Grã-Bretanha; seus detratores, que o desejavam banido, afirmavam que glamorizava a violência e, assim, a promovia. Os jovens vestidos como *drugues* pareciam confirmar essa acusação, muito embora uma coisa seja imitar uma forma de se vestir e outra, bastante diferente, imitar um comportamento. Não obstante, mesmo uma identificação meramente indumentária com a violência psicopática me desconcertava, visto sugerir uma simpatia imaginativa por essa violência mesma. Ver aqueles jovens do lado de fora do cinema me fez notar, pela primeira vez, que a arte, a literatura e as ideias podem ter consequências sociais profundas – e não necessariamente positivas. Um ano depois, um grupo de jovens estuprou uma menina de 17 anos na Grã-Bretanha enquanto cantavam "Singin' in the Rain", reproduzindo assim, na vida real, uma das cenas mais notórias do filme. (DALRYMPLE, 2008)

Em *Conversations with Anthony Burgess* [Conversas com Anthony Burgess], baseado em entrevistas com o autor, as quais foram concedidas entre 1971 e 1989, há uma passagem absolutamente central para a discussão aqui proposta. Burgess é questionado sobre o chamado Movimento dos Jovens dos anos 1960 e 1970, ao que responde:

> Tudo bem com o movimento em si. Faz parte da ordem das coisas. Mas há um terrível perigo de que ele seja usado por elementos altamente sofisticados, os quais aprisionarão o entusiasmo da juventude para os seus próprios fins. Vejo isso como um grande perigo. Os jovens não percebem que entusiasmo e boas intenções não são o suficiente. É preciso lutar pelo conhecimento das coisas. [No entanto], todo conhecimento vem de um segmento da sociedade que agora esses jovens rejeitam [...] Percebe-se o mesmo padrão entre os alunos brancos, os quais rejeitam a cultura e a arte de seus antepassados. A contracultura está produzindo um vácuo, no qual qualquer um pode ser tragado. Esse sujeito, o Herbert Marcuse, está, por exemplo, marchando nessa direção, e isso me preocupa enormemente. (INGERSOLL, 2008)

Burgess percebeu que a contracultura guardava um terrível perigo aos jovens que a cultuavam: a fusão entre ignorância e manipulação política. Com grande discernimento, ele afirma a impossibilidade e o perigo de se querer restaurar uma pretensa inocência no mundo da ciência e da tecnologia. "Eles [os jovens da contracultura] pensam que o estado primitivo de inocência seria suficiente. Em uma sociedade tecnológica como a nossa, isso é ridículo." Para Burgess, esses jovens serviriam, mesmo que involuntariamente, aos projetos mais totalitários, uma vez que a tecnologia, a ciência e o conhecimento ficariam nas mãos daqueles que ambicionam o poder e que lutam por ampliá-lo, e não daqueles que saem em busca de uma hipotética reminiscência pré-lapsariana. Havia, portanto, uma razoável dose de manipulação ideológica que transitava por baixo do movimento aparentemente anti-intelectual da contracultura. Burgess aponta a ideologia frankfurtiana de Herbert Marcuse (1898-1979) e o respectivo movimento da Nova Esquerda como forças de fundo. Burgess percebeu em Marcuse um teórico social particularmente perigoso para a época, ainda que o seu pensamento fosse em larga escala inacessível à maior parte dos jovens envolvidos com a contracultura. De fato, a contracultura absorveria, nos EUA, apenas uma fração da ideologia frankfurtiana,[11] uma vez que a última estava circunscrita ao sofisticado ambiente universitário norte-americano e, consequentemente, à elite intelectual e financeira do país.

Assim, segundo Burgess, a contracultura jamais traria contribuições expressivas para a sociedade, mas debilitaria os talentos e a consciência de seus milhões de membros. Com o tempo, esse movimento jovem se aproximaria e dependeria justamente dos elementos que dizia combater, e nesse sentido ele foi profético. Burgess notou que a contracultura tendia a contrair uma extrema dependência, e não apenas química, no culto aos narcóticos, mas também econômica e, principalmente, política. Tratava-se de um movimento que escravizava a si mesmo. Havia uma fraqueza latente em seus fundamentos, pois seria uma grande insensatez rejeitar, de antemão, aquilo que se desconhecia: "Preocupa-me demais o fato de esses jovens serem tão despreparados. Eles precisam primeiro

---

[11] "Em parte, o próprio Marcuse discerniu o motivo de seu baixo impacto sobre o movimento da Nova Esquerda nos EUA. Durante os seus discursos e correspondências com os membros do movimento estudantil, ele expressava, sem rodeios, a sua frustração com as exageradas tendências anti-intelectuais da contracultura. Ele reconhecia os desafios que os seus escritos e as suas análises representavam para um público jovem, mas, ao mesmo tempo, exortava o papel da educação, da complexidade e da sofisticação do raciocínio como ferramentas essenciais para que aquele público apreendesse a amplitude dos problemas que a sociedade norte-americana na época enfrentava." Thomas Wheatland, *The Frankfurt School in Exile*. Minneapolis, University of Minnesota Press, 2009.

aprender para depois poder rejeitar. Não se pode rejeitar antes de aprender". O caminho da contracultura indicava uma futura e gigantesca sujeição desses jovens ante as instituições e organizações que de fato controlam o poder e o conhecimento, especialmente a mais poderosa entre elas: o Estado. Esse seria o melancólico destino da contracultura, que de movimento "alternativo" e supostamente independente passaria – mesmo que lentamente – ao exercício da mendicância política e econômica. O movimento acabaria sujeito às migalhas cedidas pelos senhores da indústria, da política e da ciência. Uma massa de jovens desocupados e desqualificados estaria condenada a ficar cronicamente à margem do processo econômico, o que aumentaria um já aguçado sentimento de isolamento e sobretudo de impotência, cuja contrapartida seria um progressivo engajamento no mundo dos tóxicos e das contravenções. Teríamos, assim, a sociedade paralela dos *drugues,* como ficcionalmente retratada em *Laranja Mecânica.*

O movimento da contracultura foi particularmente virulento no norte da Europa e na Grã-Bretanha. Os centros britânicos passaram a abrigar populações jovens cada vez mais subversivas, desqualificadas e incultas, acostumadas ao desemprego crônico e, portanto, dependentes do assistencialismo do Estado. Esse ambiente social deletério e altamente contagioso em sua letargia psíquica acentuou os elementos mais grosseiros e destrutivos da contracultura, exasperando a fatal relação entre populações economicamente vulneráveis e as práticas do submundo. Infelizmente, a classe baixa inglesa, cujas fileiras compreendiam a parte mais expressiva da outrora classe trabalhadora, foi o segmento social mais direta e duramente atingido pelo processo de dissolução da cultura pela contracultura. Houve nesse processo uma sistemática depredação e deterioração dos valores tradicionais da cultura britânica por uma simbologia de ódio à civilização. Em certa medida, a (anti)ética do submundo e a (anti)estética da contracultura tomaram de assalto uma parcela significativa da classe baixa inglesa, destituindo-a de seus antigos valores e referências, o que a transformou em uma espécie de subclasse, uma *underclass*,[12] como, muitas vezes, coloca Theodore Dalrymple. No entanto, o fenômeno da contracultura é mais complexo e não se restringe à classe baixa britânica, mas se estende às esferas mais insuspeitas. Na Europa, o movimento extrapolou os limites étnicos e religiosos.

> Uma espécie de antissociedade cresceu dentro dessas *cités* – uma população que deriva o significado de suas vidas a partir do ódio que nutre pelo outro, a "oficial" sociedade francesa. Essa alienação, esse abismo de desconfiança – maior do que qualquer outro que encontrei pelo mundo, incluindo as cidades segregadas da África do Sul durante os anos do *apartheid* –, está escrita nas faces dos jovens. A maior parte deles permanentemente desempregada, perambulando pelos comprimidos e labirínticos espaços abertos entre os seus *logements*. Ao se aproximar deles para uma conversa, suas faces duramente imóveis não traem a absoluta falta de reconhecimento que sentem por uma humanidade compartilhada; eles não fazem qualquer gesto para suavizar uma interação social. Se você não é um deles, você está contra eles. O ódio que têm pela França oficial se manifesta de várias formas, deixando cicatrizes em tudo que está a sua volta. (DALRYMPLE, 2015)

---

[12] A tradução desse termo para o português precipitou certa discussão entre alguns intelectuais e jornalistas brasileiros, muito em razão da tradução que fiz do livro *Nossa Cultura*, em que optei por traduzir *underclass* por classe baixa. Não são poucas as vezes que Dalrymple usa o termo *underclass* como sinônimo da atual *lower class* inglesa, uma extensa classe baixa bastante afetada pela (anti)estética e pela (anti)ética da contracultura; mas, por outras, o termo é de fato usado no sentido mais específico de uma classe moralmente caída e sem perspectiva de mobilidade socioeconômica e cultural, absolutamente paralisada pelo assistencialismo do Estado, desqualificação e desemprego permanentes. Para mais esclarecimentos, ver a nota da página 15, da tradutora Márcia Xavier de Brito, em Theodore Dalrymple, *A Vida na Sarjeta: O Círculo Vicioso da Miséria Moral*. São Paulo, É Realizações, 2014.

O trecho se refere às populações majoritariamente negras e muçulmanas que vivem isoladas, em distritos de periferia, nos arredores dos grandes centros urbanos da França. Existe, portanto, uma evidente guetização das populações de etnia africana que vivem na França.[13] O confinamento cultural de pessoas com supostos direitos e deveres constituídos, um isolamento de cidadãos, revela um terrível duplo contraditório no coração da sociedade francesa. De um lado, essas populações recebem um expressivo amparo das autoridades públicas, na medida em que são integradas ao vasto sistema público de saúde, transporte, moradia, educação, etc., mas, por outro, elas se veem alijadas, por completo, da sociedade economicamente ativa do trabalho e da produção, justamente o segmento social responsável pelas tomadas de decisão e pela criação de bens e serviços. O universo do trabalho e da produção constitui a esfera da vida adulta e, consequentemente, do poder. Ao se verem irremediavelmente destituídos da vida adulta, esses homens e mulheres, bem alimentados e agasalhados, tratarão de buscar fontes alternativas de respeito próprio, as quais possam assegurar-lhes um sentido de vida e um mínimo de poder pessoal. Em geral, isso ocorre no ingresso junto aos quadros das organizações criminosas e na total imersão psíquica no universo da contracultura.

> Eles desfrutam de um padrão de vida e de consumo muito mais alto do que seria possível nos países de origem de seus pais ou avós, mesmo se nesses lugares trabalhassem quatorze horas por dia no máximo de sua capacidade. Mas nada disso provoca qualquer sentimento de gratidão – pelo contrário, eles sentem essa diferença como uma ferida ou um insulto, mesmo que a considerem como algo normal e garantido. Mas, como todos os seres humanos, eles desejam o respeito e a aprovação dos outros, mesmo – ou em vez disso, em especial – das

---

[13] É óbvio que não se trata de um confinamento forçado, mas culturalmente induzido por ambos os lados do espectro assistencialista: sociedade oficial e contracultura.

pessoas que despreocupadamente lhes jogam as migalhas da prosperidade ocidental. Uma dependência castradora nunca exibe um resultado feliz [...] Portanto, eles acreditam na malevolência que os mantém em seu limbo, e desejam manter viva a crença nessa malevolência, pois, ao menos, ela confere sentido – o único sentido possível – para suas vidas raquíticas. (DALRYMPLE, 2015)

Desta feita, o significado mais subliminar de contracultura assume contornos profundamente sérios. Não há quase nada de si para oferecer, nada de substancial a ser desenvolvido, mas tão somente o antagonismo ante a cultura contra a qual se rebela. O *hooligan* neonazista dos guetos londrinos e o *rapper* islamizado das *cités* próximas de Paris têm, em comum, um mesmo e fundamental sentimento: o ódio que nutrem pela cultura e sociedade que os abriga e os sustenta. Pouco importa a forma específica em que a contracultura se exprime, uma vez que a sua manifestação se dá por conta de um antagonismo violento contra a sociedade considerada oficial, justamente aquela cujo funcionamento autoriza e assegura a existência da contracultura. Temos então um perfeito duplo contraditório, no qual a criatura se volta contra o criador, expulsando-o de si mesma, muito embora isso ocorra no exato instante que o rebelado revela a autoridade fundante e inalienável daquilo contra o qual ele se rebela. Cria-se assim uma espécie de elástico metafísico do ressentimento/fascínio, no qual a força de expulsão acarretará uma reação contrária igualmente forte.

A criação de uma identidade sempre exigirá uma dose maior ou menor de antagonismo, caso contrário o próprio processo de diferenciação fica comprometido. Não há como forjar identidades sem antagonismo. Assim sendo, o processo mais delicado, na criação de uma identidade qualquer, compreende a profundidade e a extensão do antagonismo gerado. O problema, no caso específico da contracultura, é o fato de o antagonismo se pretender infinito, absoluto e total. Isso revela tão somente uma dor insuportável, ou mesmo uma indisfarçável inveja diante de uma superioridade que é tida como absoluta, e contra a qual a nova identidade se rebela.

A teoria mimética[14] nos ensina que o grau de hostilidade sempre será diretamente proporcional ao do fascínio. Portanto, à medida que a contracultura radicaliza o seu antagonismo em relação à cultura oficial, na verdade o seu grande modelo, mais dependente desta ela se torna, uma vez que a sua identidade se constituirá como mero negativo da primeira. A dinâmica de um antagonismo ressentido acentuará a necessidade de estabelecer diferenças cada vez mais extremas. Consequentemente, haverá impulsos redobrados para que se radicalizem ainda mais as demandas da contracultura. Esse é um processo cujas forças *tendem* a convergir na organização de expulsões violentas, em seus momentos de forte pressão interna, desconsiderando a sua natureza e forma específicas. No entanto, um desfecho como esse implica, necessariamente, a pseudo-resolução de terríveis tensões internas na designação e punição de *um* grande culpado: o elemento, pessoa, classe ou grupo que precisa ser expulso.

Nesse ponto creio que contracultura, como potencial articuladora de processos persecutórios, seja felizmente bastante ambígua, uma vez que o seu inimigo mais comum, o sistema, é uma categoria por demais genérica e disseminada para que possa ser isolada com eficiência. Sem o isolamento de um suposto culpado, o processo persecutório e a expulsão vitimária não se realizam. Isto posto, a contracultura tende a se associar a grupos e organizações que dispõem de inimigos mais concretos e, portanto, identificáveis. Dessa forma, ela atua como um genérico e disseminado caldo de ressentimento integrado às mais variadas correntes subculturais, com base no qual organizações mais

---

[14] Uma vez mais, recomenda-se a leitura dos livros de René Girard. Basicamente, a teoria mimética nos ensina que o desejo humano é triangular: o (1) sujeito deseja (2) algo segundo o desejo de um (3) modelo. Portanto, os nossos desejos são sempre cópias de outros desejos.

sólidas e projetos mais específicos retiram recursos e contingentes.[15] O grande problema é que esse caldo genérico de contracultura se disseminou de tal forma nos centros urbanos da Europa, que não há mais como dissociá-lo do crime, do tráfico e das organizações terroristas. Na Europa, a contracultura foi definitivamente cooptada por organizações criminosas, facções revolucionárias e grupos terroristas, compreendendo um vasto repositório humano do qual os senhores das trevas deste mundo retiram os seus servos.

> Os jovens muçulmanos nas prisões não rezam; eles não exigem carne *halal*. Eles não leem o Corão. Eles não pedem para ver o imã. Eles não apresentam qualquer sinal visível de piedade [...] Os jovens muçulmanos querem esposas em casa que cozinhem e limpem para eles, concubinas em outros lugares, drogas e *rock' n' roll*. [Esse padrão de conversão ao islã nas prisões] responde à necessidade que têm de se ver purificados, ao mesmo tempo que não precisam se render à moralidade de uma sociedade que acreditam que tenha sido profundamente injusta com eles. De fato, sua conversão ao islã significa a sua vingança contra a sociedade, e eles sentem que a nova religião adotada é fundamentalmente contrária à sociedade que os prendeu. Portanto, por meio da conversão, eles matam dois coelhos com uma só cajadada. (DALRYMPLE, 2015)

Num primeiro momento, alguém pode pensar que os membros da contracultura se aproveitam do islã, como se aproveitariam de qualquer outro grupo que se apresentasse contrário ao "sistema"; mas isso é válido somente no nível mais imediato das relações, uma vez que mesmo os bárbaros têm os seus chefes e os seus reis, e estes os seus sacerdotes e deuses. O aparente vácuo de poder que a contracultura insinua é de fato aparente, pois o que há é uma remessa constante de

---

[15] O caso recente dos grupos fundamentalistas islâmicos que recrutam potenciais terroristas e simpatizantes ocidentais, junto ao caldo da contracultura europeia, compreende a mais perfeita ilustração desse fenômeno.

indivíduos para diferentes organizações, cuja unidade ideológica pode ser encontrada *grosso modo* em sua uniforme oposição aos valores da civilização ocidental. Por outro lado, esta é uma civilização que no seio de seus rompantes revolucionários abandonou paulatinamente o seu legado e os seus valores tradicionais, principalmente no norte da Europa. Trata-se de um processo que gerou inúmeros órfãos culturais e espirituais, na verdade multidões deles. Esses órfãos de civilização encontram-se mentalmente desamparados, e o que veem ao seu redor é uma disseminada licenciosidade egoísta da sociedade à qual pertencem, junto à costumeira mendacidade dos homens públicos e da elite financeira e intelectual.

Nesse contexto europeu de acentuada hipocrisia política e de miséria espiritual e moral, a contracultura se torna, muitas vezes, um alento e um abrigo, uma forma de encontrar companheirismo e afeto, mesmo que comprimidos pelo ambiente do submundo. Nesse quadro desolador, creio que sejam muitos os jovens com um bom potencial que acabam nas garras dos piores tipos e dos mais terríveis projetos. Não se pretende remover aqui as responsabilidades pessoais de ninguém, mas não será preciso muita força de imaginação para visualizar um típico jovem inglês de classe baixa, que se encontra perdido e solto nos guetos das cidades, cuja família desestruturada não pôde lhe oferecer quaisquer modelos positivos, e cuja cultura popular profundamente impessoal, fantasiosa, licenciosa e egoísta não mais consegue incentivar as virtudes públicas e o mérito do conhecimento e da excelência profissional. Esse jovem está espiritualmente só, talvez os seus amigos da rua e/ou da farra sejam o seu último esteio e portanto a sua salvação. Trata-se de uma configuração extremamente insegura, ao mesmo tempo frágil e perigosa, uma vez que as ruas têm os seus chefes, e estes trabalham para outros chefes, assim sucessivamente. Em seu todo, a estrutura é decididamente mafiosa, pois se fundamenta na submissão do fraco diante do forte, e na lógica das reparações de sangue. Nem sempre esse jovem escorregará para o universo do crime, mas a falta de referências familiares e culturais mais sólidas certamente inibirá o seu desenvolvimento pessoal, assim como comprometerá a sua resistência contra duas das piores insinuações da contracultura: a boemia degradante e a toxicomania.

Em um ensaio de magnífica sensibilidade antropológica, "O Criminoso Faminto", Dalrymple intui, na dissolução de um dos mais simples e universais hábitos familiares de convivência, um dos motores centrais da contracultura. A ausência de uma simples mesa de refeição, em torno da qual as pessoas possam se reunir e compartilhar o repasto, e mesmo a ausência de um fogão ou de um forno, nos quais alimentos sejam de fato preparados, ilustra um grave sintoma da dissolução familiar e, consequentemente, da decadência cultural na Grã-Bretanha. Os hábitos alimentares de um indivíduo revelam a consistência ou a inconsistência de sua vida familiar e de seus relacionamentos.

> Trata-se da dissolução da estrutura familiar, e esse é o fenômeno central por trás desse estado de desnutrição na Grã-Bretanha de hoje – uma dissolução tão completa que as mães não mais consideram como seu dever alimentar os próprios filhos, tão logo eles alcancem a idade na qual podem coletar o próprio alimento da geladeira […] As únicas casas nas quais havia sinais de vida culinária e de refeições como atividade social, em que as famílias discutiam os assuntos do dia a dia e reafirmavam os seus laços recíprocos, eram as das famílias de imigrantes indianos. (DALRYMPLE, 2015)

Eis que os indianos são justamente o grupo étnico que menos participa da contracultura. Consequentemente, os indianos também ostentam, na Grã-Bretanha, os mais baixos números entre drogados, alcoólatras e detentos, como também os menores índices de divórcios e de abortos. Ao contrário das famílias inglesas e de outros grupos étnicos, os indianos preservam com energia as suas salutares tradições familiares. "Eles continuam a cozinhar porque ainda vivem em famílias, e a culinária é uma arte socialmente motivadora." Não por acaso, o sentar-se à mesa para a refeição em família é um símbolo regularmente ridicularizado pela indústria do entretenimento, quando associada aos ideais da contracultura.[16] No ambiente ideológico das representações cinematográficas e televisivas da contracultura, temos quase sempre, sentados à mesa, a caricatura de pais irascíveis e mães fúteis, os quais mal se entendem, ainda que caracterizem uma espécie de aliança espúria do obscurantismo, junto a filhos invariavelmente entediados e oprimidos.[17]

A rejeição ao contexto familiar deita raízes profundas e alcança os movimentos revolucionários. Nas últimas décadas do século XVIII, os jacobinos fomentaram a cizânia entre o que viam como paternalismo monárquico e a suposta natureza fraternal da sociedade que pretendiam promover. Para eles, a relação entre pais e filhos assemelhava-se àquela entre o rei e seus súditos, o que na época significava *grosso modo* um convívio entre senhor e escravo. Não que muitas das relações entre pais e filhos não fossem de fato opressivas e, por vezes, brutais, e que os reis utilizassem de uma simbologia da

---

[16] Felizmente, essa caracterização ainda é estranha ao público brasileiro. Verifica-se, no Brasil, uma sólida resistência dos valores familiares e da vida em família, o que ajuda a explicar o caráter notadamente efêmero dos movimentos da contracultura em solo brasileiro. Por aqui, a contracultura ainda se insere no terreno dos comportamentos considerados anormais.

[17] Ocorre-me o mais famoso videoclipe de uma banda de *heavy metal* norte-americana nomeada sugestivamente de Twisted Sister. Em um de seus videoclipes, "We're Not Gonna Take It", veiculou-se uma exibição de aberta violência contra a estrutura familiar do Ocidente e os seus hábitos. A música e o vídeo fizeram um sucesso estrondoso na década de 1980, pois a canção é melódica e o ritmo contagiante, ainda que inserida em uma letra da mais baixa qualidade. No videoclipe em questão, a violência é transmitida em linguagem assumidamente cômica e espalhafatosa, como se fosse uma ópera-bufa em miniatura. Creio que ao suscitar certa leveza, o tom cômico pretendia justamente tornar palatável ao público adolescente, e principalmente às autoridades, cenas de violência explícita, ao longo das quais um pai é sistematicamente agredido, arremessado janela e porta afora e arrastado escada abaixo pelos cabelos. Na época, o videoclipe gerou fortes controvérsias nos EUA, e o líder da banda, Danny Snider, foi chamado por uma comissão do Senado norte-americano para prestar esclarecimentos. No entanto, em sua atmosfera, o videoclipe se assemelha mais a um *cartoon* equivalente a um Tom *versus* Jerry, no qual o pai "reacionário" faz o papel de Tom, e os roqueiros, o de Jerry, o que para mim reforça a ideia de que boa parte da contracultura norte-americana está submetida aos interesses primeiros do *showbiz*.

autoridade paterna para justificar uma estrita submissão dos súditos.[18] Contudo, havia, na mentalidade revolucionária dos jacobinos, o insistente projeto de enfraquecer os laços familiares, ao mesmo tempo que se fortaleceriam os liames entre o cidadão e a ideologia supostamente salvacionista da Revolução. Assim, a utopia jacobina incluíra, em seu movimento mais visceral, uma acentuada subversão das hierarquias, a começar pela indispensável reorientação do afeto natural entre os membros de uma família, que seria então deslocado para uma relação ideologicamente construída, em torno da sociedade civil e do próprio Estado. Foi por essa razão que Edmund Burke, em sua ferrenha luta filosófica contra os jacobinos e os ideais revolucionários, fez questão de sublinhar a importância central da família como fonte primeira das afeições naturais e como fundação moral do Estado.[19] Ademais, em Edmund Burke o afeto e a confiança mútua entre pessoas próximas (familiares, amigos, vizinhos e demais associados) compreenderia a matéria-prima espiritual da vida em comunidade, com base na qual uma sociedade institucionalmente saudável organizaria as suas leis e resguardaria as suas tradições.

Portanto, a contracultura apenas reproduziu, no mercado contemporâneo das distrações e da diversão popular, e de forma mais ou menos dissimulada, o projeto de desarranjo hierárquico e, consequentemente, metafísico das principais utopias dos séculos XVIII e XIX. Ao pretender conquistar para si a soberania do intelecto, o utopismo moderno teve de refazer as bases da metafísica clássica, reformulando-as em princípios outros. Essa empreitada foi o ponto de partida mais fundamental (e exigente) das principais utopias dos últimos 250 anos.

---

[18] "Por volta de 1600, os reis começaram a usar as *lettres de cachet*, no intuito de aprisionar os seus oponentes políticos. Apresentando-se como os 'pais da França', os reis sustentavam que tinham o direito de encarcerar os súditos desleais, da mesma forma que o pai poderia encarcerar um filho desobediente." Matthew C. Wells, *Parallelism in Revolution: The Cases of France, Germany, and Iran*. Bloomington, Xlibris Corporation, 2005.

[19] Ver Eileen Hunt Botting, *Family Feuds: Wollstonecraft, Burke, and Rousseau on the Transformation of the Family*. Albany, State of New York Press, 2006.

A instintiva estranheza estética e mesmo certa repulsa que por vezes a contracultura suscita, sobre o senso comum, é tão somente a contrapartida artística da reviravolta metafísica em curso no Ocidente. O desarranjo da imemorial relação metafísica entre espírito (ideias) e carne (matéria), em que, até então, a primeira categoria gozara de prioridade ontológica sobre a segunda, conferiu às utopias modernas o controle das premissas que organizam a ética e, consequentemente, a política. Uma vez fundamentada a soberania da matéria, os fatores biológicos e a categoria da utilidade passaram à condição de causalidade primeira. Nesse quadro mental, seria apenas uma questão de tempo até que o animalesco e os objetos se sobrepusessem ao humano. Para o leitor desacostumado à extrema importância dos ajustes e desajustes na história das ideias e dos símbolos que as representam, tal afirmação pode ser tomada como um exagero ou mesmo uma impropriedade, mas o desarranjo de uma ontologia provoca, necessariamente, o desarranjo de sua axiologia. Não há escapatória, uma vez que a alteração na ordem do *ser* certamente afetará a ordem do *dever* (a orientação do *ser*). Do ponto de vista cultural e civilizacional, o grande problema é quando essa reinterpretação metafísica[20] aterrissa no plano concreto da conduta moral, das políticas públicas, dos relacionamentos diários e das manifestações intelectuais e artísticas.

Em seu "Lixo, Violência e Versace: Mas Isso é Arte?", Dalrymple presenteia o leitor com uma descrição preciosa, embora repugnante, de uma exposição de arte contemporânea em Londres.

De qualquer forma, as seções de exibição abertas às crianças de todas as idades apresentavam materiais muito mais perturbadores.

---

[20] A anunciada morte da metafísica é uma evidente falácia, ou mesmo um subterfúgio que mascara o desarranjo que se impôs sobre a metafísica clássica, para a implantação de ambiciosos (e desumanos) projetos de poder. É impossível suprimir a metafísica, uma vez que ela subentende o *self* humano ao se inscrever na própria natureza gerativa do desejo. Somos animais metafísicos, uma vez que desejamos *ser*, e é exatamente por esse motivo que também somos animais culturais.

Mas, do ponto de vista da nova crítica de arte, ser "perturbador" se tornou um termo automático de aprovação [...] A exposição chocou menos a mim do que a muita gente, uma vez que sua atmosfera era-me estranhamente familiar. Fui transportado aos meus dias de estudante de medicina, para a sala de dissecação, para o museu das patologias e para o necrotério. Em exibição viam-se cadáveres esfolados, animais fatiados em formol, uma foto, em close, de uma ferida a bala sobre o escalpo e mesmo um trabalho cujo nome era *Papai Morto* [...] Uma petulante brutalidade intelectualizada é a marca registrada da exposição, e o mesmo vale para toda a cultura moderna na Grã-Bretanha. (DALRYMPLE, 2015)

Há, no caso, uma típica manifestação da contracultura em seus piores momentos.[21] O intuito primeiro, nesse tipo de exposição artística, não é o de promover o choque pelo prazer de chocar, como poderão interpretar os menos atentos, mas sim instaurar uma mentalidade e sensibilidade transgressoras dos padrões naturais ou tradicionais. Percebe-se, na descrição que Dalrymple faz da exposição em Londres, uma rendição incondicional ao biológico em sua faceta decadente e fragmentária, uma vez que o biológico tende, em seu processo orgânico, e de forma inexorável, ao desgaste e à decomposição, junto à correspondente perda de unidade orgânica e harmonia estética. Do ponto de vista valorativo, um enfoque exagerado na decomposição natural da carne atribuirá à morte um altíssimo valor metafísico, tornando-a *fons et origo* do entendimento sobre a vida. A adoração metafísica da morte implicará uma estética e uma simbologia inclinadas ao lúgubre. Portanto, uma vez mais, a contracultura apenas reproduz e intensifica um movimento anterior, que no caso responde pelo nome de romantismo.

---

[21] Nem toda manifestação da contracultura é indigna, obviamente. No entanto, e infelizmente, a contracultura tende a exaurir rapidamente os seus recursos criativos e a sua eventual beleza na reatividade fantasmagórica de dinâmicas calcadas exclusivamente no ódio.

Houve, no interior dos movimentos revolucionários, um desarranjo da metafísica tradicional e uma respectiva desordem na hierarquia do ser. O movimento romântico, por sua vez, notabilizou-se como uma tentativa desesperada de recuperar a experiência única do ser, o qual fora filosoficamente esmagado pela impessoalidade da matéria e da utilidade. Mas agora a recuperação se faria mediante uma metafísica já bastante desfigurada e rebaixada. Nesse cenário de desolação ontológica, em que tudo se parte em milhões de pedaços desconexos, a saída romântica na apreciação do ser teve de ser negativa, a única possível em face ao desarranjo metafísico em vigor. Isto posto, ela caminhou para o inevitável isolamento do ser: a contemplação da morte. Nesse universo mental e emocional de extrema fragmentação, a contracultura foi um desdobramento previsível e até mesmo inevitável. O anticonvencionalismo da contracultura reflete a quebra de convenção capitais, cujo apagamento cobrou um preço altíssimo em casos cada vez mais graves de perda de confiança e de sentido na vida, o que fez disparar um processo coletivo de progressiva degradação pessoal.

A relação do ser com a sua fonte foi quebrada pelo machado revolucionário dos utópicos modernos, levando a consciência da modernidade romântica para o desventurado refúgio de uma pretensa autossuficiência. "O homem autêntico, na concepção romântica, é aquele que se libertou por completo de toda convenção; que não reconhece qualquer restrição no livre exercício de sua vontade. Isso se aplica tanto à moral quanto à estética, e o gênio artístico se torna sinônimo de imprevisibilidade" (DALRYMPLE, 2015). No entanto, trata-se de um rompimento fantasioso, uma vez que o processo criativo requer, ao menos na dimensão humana, a existência prévia de modelos, mas agora eles serão sistematicamente ocultados, o que os tornará ainda mais disseminados, invasivos e incontroláveis. É por essa razão que o aprofundamento da contracultura caminha de mãos dadas com um proporcional recrudescimento dos mecanismos de controle, tantos os públicos quanto os corporativos.

Em um trecho do ensaio "Não Legalizem as Drogas", Dalrymple antecipa as reações das esferas públicas e corporativas diante de uma hipotética legalização universal das drogas, um passo que, do ponto de vista das reivindicações da contracultura, representaria o mais alto grau na conquista das liberdades pessoais.

> [...] Caso o uso de narcóticos e estimulantes se tornasse praticamente universal, e isso não é uma hipótese nem um pouco improvável, o número de situações compulsórias de checagem sobre as pessoas, por razões de segurança pública, aumentaria enormemente. Farmácias, bancos, escolas, hospitais – de fato, todas as organizações que lidassem com o público – poderiam se sentir obrigados a checar e regular aleatoriamente o consumo de drogas entre seus empregados e funcionários. O uso generalizado dessas drogas aumentaria o *locus standi* de inúmeras agências, públicas e privadas, ampliando a interferência sobre nossas vidas e estrangulando nossa liberdade contra as ingerências; ou seja, longe de aumentar, a liberdade seria drasticamente encolhida. (DALRYMPLE, 2015)

O livre consumo de entorpecentes sempre foi uma das grandes bandeiras da contracultura, e o seu alastramento gerou um aumento descomunal das políticas de segurança e de saúde públicas, as quais visam justamente o bem-estar de consumidores que se tornam, por sua vez, progressivamente dependentes de um extenso aparato de auxílio. Além disso, o consumo de entorpecentes, embora seja feito muitas vezes na solidão dos aposentos privados, não é uma atividade socialmente neutra, uma vez que, a depender da quantidade e da espécie consumida, o usuário afetará diretamente a vida das pessoas ao seu redor.

A satisfação de um capricho pessoal particularmente nocivo pode gerar, em maior ou menor grau, uma indevida invasão sobre a liberdade de terceiros, o que caracteriza uma violência contra o outro. Em sua camada subliminar mais sensível, a contracultura é exatamente isso: uma expulsão violenta do outro, aquele contra o qual ela se rebela. É por esse motivo que o alastramento das bandeiras da contracultura acarreta um necessário aumento das forças públicas e privadas de segurança e de vigilância. Por exemplo, há uma nítida correlação entre o aumento no consumo de psicotrópicos, álcool e músicas "pesadas", principalmente entre os jovens, e uma correspondente e inevitável ampliação dos esquemas de segurança nas boates e danceterias. A crescente truculência dos seguranças é diretamente proporcional ao ambiente de progressiva licenciosidade que impera nesses lugares. As pessoas querem se sentir seguras, ao mesmo tempo que desejam desfrutar de prazeres potencialmente violentos. Como resolver essa equação? Intensificando a segurança e a vigilância sobre todos. Mas essa é uma solução que tem na acomodação de forças opostas o seu princípio de ação, o que a leva, invariavelmente, à lógica da guerra armamentista: aumentam-se os arsenais em nome da paz. Logo, trata-se de uma solução insuficiente, e uma escalada para os extremos é o resultado mais provável. Creio que essa escalada admita hoje um estágio bastante avançado na Grã-Bretanha, ou mesmo nos centros urbanos do Ocidente.

> Há festa no ar, mas também ameaça. O cheiro de perfume barato mistura-se com o odor das comidas de *fast-food* e com a morrinha de álcool e vômito. Os rapazes – especialmente aqueles que raspam a cabeça e penduram quinquilharias no nariz e nas sobrancelhas – trazem um olhar furtivo e raivoso para com o mundo, como se esperassem ser atacados a qualquer momento, de qualquer direção [...] Do lado de fora do clube Ritz, enquanto passava, vi uma poça de sangue não coagulado, e perto, uma garrafa de cerveja quebrada [...] As pessoas na fila para entrar no Ritz, contudo, não estão incomodadas com o sangue; isso não vai estragar-lhes a noite. Uma lâmpada de neon cor-de-rosa faz brilhar sobre as pessoas uma luz intermitente e lúgubre, enquanto os

seguranças, de dois em dois, as revistam buscando por facas que, em outras circunstâncias, ao menos metade delas traria consigo. (Dalrymple, 2014)

Sempre houve (e sempre haverá) arruaça e boa dose agressividade e banalidade entre os mais jovens, principalmente quando disputam estima e liderança entre si. No entanto, Dalrymple sublinha o fato de haver na Grã-Bretanha atual uma parte extensa da juventude que se dedica única e exclusivamente ao contínuo estímulo oferecido pela contracultura. Para milhões de jovens britânicos, frequentar clubes noturnos, shows de música popular e outros divertimentos coletivos, junto à inseparável bebedeira e promiscuidade que acompanham esses eventos, compreende o grande (e muitas vezes o único) sentido de suas vidas. Esses são ambientes nos quais a juventude só pode referendar a si mesma e, ainda assim, de uma maneira absolutamente deformada, consagrando a imagem da eterna imaturidade em um espelho que logo desbotará. Nesses espaços de desregramento constante há uma notável carência de faixas etárias concorrentes, ou mesmo de pessoas psicologicamente maduras, nas quais se percebam valores e objetivos superiores, uma vez que a contracultura carrega certa indisponibilidade constitutiva frente à maturidade.[22] Os mais velhos que sobrevivem e perseveram na contracultura são ainda mais hostis ao amadurecimento; não poucas vezes, essas pessoas carregam as marcas de rotinas vividas na contravenção.

A infância também sofreu agudamente com as investidas da contracultura. Na Grã-Bretanha das últimas décadas, Dalrymple constata que houve um nítido encurtamento temporal da infância, o período chave no desenvolvimento da imaginação e da inteligência, e

---

[22] Há o famoso clube dos 27 (falecidos aos 27 anos de idade), no qual nomes célebres da contracultura como Jimi Hendrix, Janis Joplin, Jim Morrison, Kurt Cobain e, mais recentemente, Amy Winehouse, dentre muitos outros, inseriram as suas curtas e trágicas biografias. O talento que possuíam foi flagrantemente insuficiente para protegê-los dos efeitos mais nefastos do estilo de vida que escolheram para si.

um correspondente alargamento da adolescência. De fato, os psicólogos e psiquiatras já notam uma inicial compressão e posterior distensão etária entre os jovens de hoje, um processo no qual uma criança de 8 anos poderá contrair apetites e condutas precocemente adolescentes, ao passo que um jovem adulto de 27 anos reterá inadvertidamente os sonhos e os conceitos de sua adolescência. Nesse caso, as duas pontas estarão aprisionadas pelo centro de gravidade da adolescência (dos 12-13 aos 16-17 anos), o período mais crítico para o encaminhamento da vida adulta, no qual a identidade de um sujeito se encontra indefinida, como se estivesse suspensa entre o infantil e o adulto. O prolongamento excessivo desse estado pode gerar graves problemas psicológicos e sociais.

Em seu "Quem Matou a Infância", Dalrymple analisa o quadro de expressiva desordem etária e psicológica na Grã-Bretanha atual, a partir de um caso singular e absolutamente emblemático. Como de costume, Dalrymple ultrapassa a discussão específica do caso, o assassinato de duas meninas por um psicopata, para então promover uma reflexão sobre o pântano moral em que vivem os britânicos de nossos dias. Abaixo do indivíduo criminoso, um psicopata e molestador de meninas, uma camada mais significativa de desvios é revelada, em que estão envolvidas a mentalidade e a sensibilidade de toda uma nação.

Em seus escritos, Dalrymple deixa claro que a incontinência emocional, que hoje afeta boa parte da população britânica, pouco exprime um genuíno e profundo sentimento, pelo contrário, uma vez que a forma histérica e teatral em que as pessoas foram condicionadas a reagir revelaria, em geral, uma impostura sentimental. No caso analisado por Dalrymple, houve uma grande comoção nacional gerada com a morte das duas garotinhas. Todavia, a tragédia jamais suscitou uma devida reflexão sobre a condição insustentável da cultura britânica contemporânea. A bem da verdade, não mais uma cultura, mas sim uma contracultura que empurrou a idade do consentimento para estágios absolutamente impensáveis. Antes de assassinar as duas meninas de dez anos, Ian Huntley (um homem adulto) tivera diversos envolvimentos sexuais com garotas entre os 12 e os 15 anos de idade, com a total ou parcial aprovação dos pais dessas meninas.

> A fim de compensar a sua atual falta de compasso moral, o público britânico se tornou, então, exímio em seus arroubos de sentimentalismo *kitsch*, que são seguidos de veementes demonstrações de indignação, tudo encorajado pelo barato e cínico sensacionalismo da imprensa. Espasmos de bondade autoproclamada passaram a funcionar como substituto da vida moral. (DALRYMPLE, 2015)

A contracultura apagou as marcas mais singulares do caráter nacional britânico: estoicismo, autocrítica e ironia. A outrora internacionalmente reconhecida e admirada fleuma britânica foi substituída pelo sentimentalismo barato de multidões histéricas. Formou-se um ambiente dominado pela lógica da publicidade, em que as afetações de sentimento se apresentam como elementos muito mais decisivos do que os sentimentos em si. Um genuíno sentimento de pesar, uma manifestação que exigiria certo grau de autorreflexão e reprovação, foi substituído por uma incontida encenação. As pessoas atuam no teatro farsesco de uma autoproclamada bondade, no exato momento que colaboram para que o mecanismo da contracultura agrave ainda mais o cenário de incontinência e licenciosidade.

> Numa era democrática, apenas o comportamento das autoridades está sujeito à crítica pública; mas nunca o das pessoas. Temos, então, uma versão moderna da doutrina de Rousseau: não fosse pelas autoridades, as pessoas seriam boas. (DALRYMPLE, 2015)

Completa-se então o círculo ou a revolução da contracultura: um radical agravamento da ilusão de uma inocência constitutiva, em que a presumida bondade natural do homem primitivo é transferida para o presente. Nesse caso a contracultura foi às últimas consequências e de fato reificou o selvagem abstrato de Rousseau. No entanto, esse é um passo que, em vez de restaurar o paraíso perdido, dissolve os valores e as rotinas que permitem que as pessoas vivam vidas relativamente pacíficas e prósperas. A contracultura é o último estágio da revolta dionisíaca contra a ideia de civilização, e isso parece ser hoje uma evidência, dada a extrema rapidez com que ela rebaixou a mentalidade e a sensibilidade de uma cultura outrora brilhante e repleta de vigor.

O barbarismo que hoje assola a sociedade britânica tem, portanto, uma longa trajetória de construção, durante a qual os indivíduos, principalmente os integrantes da classe baixa britânica, foram sugestionados e conduzidos por uma mentalidade que rejeita os benefícios do passado, em nome de uma autoproclamada pureza de intenções. Em grande parte, embora não totalmente, a contracultura é o último rebento e, talvez, a derradeira fase do utopismo pretensamente esclarecido do intelectualismo moderno. Os resultados? Dalrymple nos convida a visitar os centros urbanos ingleses.

> Ao longo da última década, tenho observado de perto, do ponto de vista vantajoso da prática médica, os efeitos do declínio dos padrões civilizados de conduta, causado pelo assalto dos intelectuais sobre uma grande e suscetível população. Se, em nossos dias, Joseph Conrad saísse em busca do coração das trevas – o mal na conduta humana, quando liberta de externos constrangimentos legais e internos constrangimentos morais –, ele não precisaria procurar muito longe, podendo ficar, por exemplo, na cidade inglesa em que moro. (DALRYMPLE, 2015)

PESSOALIDADE E IMPESSOALIDADE

Em seu *Being as Communion* [O Ser como Comunhão], o teólogo ortodoxo John Zizioulas (1931) oferece bons argumentos para a sua tese de uma percepção historicamente datada do conceito de pessoa. Para ele a compreensão que hoje se tem de pessoa foi moldada pela patrística grega dos primeiros séculos de nossa era.[23] Segundo Zizioulas, houve, no seio da teologia patrística, um feliz casamento entre o cristianismo e a ontologia grega, do qual surgiu o entendimento que hoje temos do que seja uma "pessoa".[24]

No universo da tragédia e do teatro gregos, no qual tem origem o termo *prosopon*, os sujeitos são esmagados pelas imposições do destino, uma vez que o papel particular e circunstancial de um indivíduo, a sua prosopa (a máscara dos atores), ou mesmo a sua *persona*, no contexto romano, estava sempre condicionado à voz unificadora do cosmos. Na Antiguidade, a necessidade da voz ordenadora da entidade coletiva se sobrepunha de modo absoluto à prosopa de cada um, o que tornava impossível para um sujeito qualquer afirmar a liberdade intrínseca de sua pessoa (de sua prosopa). Os personagens que violavam essa regra de ouro eram inevitavelmente acometidos pela tragédia: o sujeito era então dragado para o centro persecutório, durante o momento catártico do cosmos. A soberania do que entendemos por vontade própria pertencia única e exclusivamente ao coletivo.[25] Por muito tempo essa posição desfrutou de uma autoridade quase inquebrantável, uma vez que ela endossava a necessidade ontológica do cosmos.

---

[23] Autores conceituados como Étienne Gilson e, mais recentemente, John Rist, dentre outros, também afirmam que o conceito de pessoa inexistia na Antiguidade pré-cristã. Ver John Rist, "Individuals and Persons", Human Value: A Study in Ancient Philosophical Ethics. *Philosophia Antiqua* (40). Leiden, Brill, 1982.

[24] "Existir como uma entidade livre, única e irrepetível." John D. Zizioulas, *Being as Communion: Studies in Personhood and the Church*. New York, St. Vladimiris Seminary, 1997.

[25] "Em razão do foco ontológico primeiro do pensamento grego, o ser prossegue para sempre, ao passo que os seres particulares desaparecem. Em todas as suas formas, o pensamento grego antigo concordava com o fato de que 'a particularidade não é ontologicamente absoluta; os muitos são sempre ontologicamente derivativos, e não causativos'." Portanto, uma ontologia da pessoa era uma operação impossível. Ver Patricia A. Fox, *God as Communion: John Zizioulas, Elizabeth Johnson, and the Retrieval of the Symbol of the Triune God*. Saint John's Abbey, The Order of St. Benedict Inc., 2001.

Os padres da igreja oriental foram mais longe e ampliaram largamente o alcance da ontologia do *ser* dos gregos. De certa forma, eles a subverteram ao torná-la dependente de uma *Pessoa*. Para esses teólogos, a origem do ser se fundamentava no movimento criador da *Pessoa*. Portanto, "a causação pessoal do ser significava que a particularidade poderia ser compreendida na ontologia como causativa e não derivativa".[26] Esse foi um passo nada menos que fundamental na história das ideias e das instituições, e creio que Zizioulas esteja certo ao dizer que se tratou da "mais grandiosa descoberta e do mais precioso tesouro da humanidade". Daí em diante, o *ser* se condicionava à pessoa, e passou a ser compreendido relacional ou existencialmente, o que deu à existência humana, em cada uma de suas inúmeras manifestações, um caráter único, intransferível e inestimável. A pessoa não era mais justificada pelo cosmos, mas por outra *Pessoa*, da qual emanava uma liberdade criativa sem limites conhecidos. Esse salto em direção à liberdade fundadora da pessoa, cujo valor inestimável nenhum agrupamento pode suprimir, permitiu que as culturas influenciadas por essa percepção pudessem libertar os seus integrantes, ainda que aos poucos e muito lentamente, da ação impessoal das unanimidades tirânicas e violentas. Surgia então o indivíduo enquanto pessoa, cuja existência não poderia mais ser mensurada somente por critérios cosmológicos ou ideológicos. É claro que a plena incorporação desse entendimento foi paulatina na cultura e nas instituições do Ocidente, além de sofrer inúmeros retrocessos e retomadas. Não obstante, o reconhecimento da soberania da pessoa, inviolável em sua condição de imagem e semelhança, foi um ganho sem precedentes na história do mundo, principiando um processo irreversível que contagiou as mais variadas formas de emancipação.[27]

Nesse momento, alguém poderia dizer que o conceito patrístico de pessoa fez com que homens e mulheres deixassem de ser vistos

---

[26] Idem.

[27] Creio que todos os grandes movimentos emancipatórios têm origem nessa realidade de fundo.

como meros "flocos de neve numa avalanche, como ocorrências de forças gerais, como se não fossem integralmente humanos, uma vez que fundamentalmente condicionados pelas circunstâncias". Ao criticar a visão de humanidade como "avalanche de flocos de neve",[28] Dalrymple sai em defesa da pessoa humana em sua experiência, consciência e caráter únicos. Nos escritos do autor, percebe-se uma recorrente preocupação em defender a integridade da pessoa frente às doutrinas e políticas que pretendem reduzir o humano à impessoalidade de leis gerais e mecanismos frios. O esvaziamento da singularidade em decorrência de padrões, estatísticas e ocorrências é um indício de que o agrupamento (o cosmos) voltou a se impor como categoria fundadora do indivíduo. Do ponto de vista da pessoa humana, o grande problema frente à autoridade fundante de um agrupamento qualquer é o seu fortíssimo caráter impessoal, isto é, o que se tem é uma realidade social suprapessoal, a qual foi brilhantemente retratada e investigada por Émile Durkheim (1858-1917) em seu estudo sobre as formas elementares da religião. Um agrupamento não pode se constituir jamais como pessoa *stricto sensu*, mas somente como *pacto* ou *aliança* mais ou menos formal e consciente entre indivíduos, famílias, clãs, etc.

Um agrupamento humano ou um cosmos é capaz de sofrer incontáveis subtrações e/ou acréscimos, sem que a sua substância seja suprimida. Por exemplo, um grupo X pode se subdividir e gerar dois grupos, Y e Z. Todavia, a mesma operação não poderá ser reproduzida na consciência e no corpo de uma pessoa. A unidade que a constitui não pode ser desmembrada, rearranjada e muito menos reformulada por terceiros, uma vez que nesse caso há uma total indissolubilidade entre estrutura e experiência. Isto posto, a interferência radical na experiência e/ou na estrutura de uma pessoa impõe-lhe o risco de

---

[28] Até mesmo como "flocos de neve", a metáfora da impessoalidade sofre diante da realidade, já que não haverá um floco de neve exatamente igual a outro, como bem notava Gottfried Leibniz (1646-1716).

destruição. Isso significa que a negação de sua inviolabilidade constitutiva enquanto entidade única, livre e irrepetível será quase sempre proporcional ao assoberbamento dos pactos coletivos. Trata-se, não obstante, de uma operação arbitrária e historicamente disseminada, talvez a mais recorrente das operações, na qual o desejo de domínio se sobrepõe à unidade indissolúvel da pessoa humana. (Des)pessoaliza-se o indivíduo para que ele possa ser facilmente tratado como objeto, coisa, padrão ou estatística.

> O *Manifesto* não faz qualquer menção à vida do indivíduo humano, exceto para negar a sua possibilidade sob as condições dadas. Verdade, Marx menciona alguns poucos autores pelo nome, mas somente no intuito de despejar sobre eles o seu pesado e soberbo escárnio teutônico. Para ele não há indivíduos ou seres humanos de verdade. "Na sociedade burguesa o capital é independente e pessoal, ao passo que o indivíduo que trabalha é dependente e impessoal." Não é de se estranhar que, assim sendo, Marx fale apenas em termos de categorias: os *burgueses*, os *proletários*. Por que perder tempo estudando um homem, quando se conhecem os Homens? (DALRYMPLE, 2015)

Em seu "Como Amar a Humanidade – e Como Não a Amar", Dalrymple faz uma crítica severa à brutal impessoalidade do pensamento marxista, ao mesmo tempo que exalta a vibrante humanidade do escritor russo Ivan Turgueniev. Dalrymple diz que "onde Turgueniev enxergava homens e mulheres, Marx enxergava povo", e que tamanha diferença sintetizaria o grande embate político-ideológico da modernidade. Há uma forte incompatibilidade entre as visões de Marx e de Turgueniev, em relação ao entendimento que têm sobre a existência humana. Essa radical diferença de compreensão, entre os dois autores, seria paradigmática em nosso mundo, ao revelar dois campos largamente irreconciliáveis em suas atuações.

Nos dois autores, nota-se uma veemente e apaixonada defesa dos fracos frente aos fortes, mas em Turgueniev, ao contrário de Marx, não há uma sistematização ideológica da justiça contra a injustiça, tampouco uma associação direta entre fraqueza e bondade ou entre pobreza e virtude. Em outras palavras, Turgueniev não suprime o valor inestimável da pessoa e a responsabilidade intransferível que dela emerge. Também não se autoriza a suspensão de seu valor em razão de um suposto bem coletivo. Turgueniev não dá ouvidos à célebre advertência de Caifás: "Vós não compreendeis nada, e nem mesmo refletis ser do vosso interesse que um só homem morra pelo povo e que não pereça a nação inteira" (Jo 11, 49-50). Nessa visão, de João Evangelista e certamente de Turgueniev, não se deixa uma "ovelha" para trás, pois o seu valor não pode ser quantificado pelo mundo, mesmo quando essa ovelha é vista como imprestável aos olhos do grupo ou, melhor ainda, sobretudo quando isso ocorre. É na vulnerabilidade e no sofrimento que o humano se reconhece como tal. Turgueniev sabia explorar como ninguém tamanha verdade.

> Ao construir o seu argumento central, Turgueniev não sugere que seus personagens sejam outra coisa que não indivíduos, com suas próprias características pessoais. Ele não os vê somente como membros de um grupo ou classe, moldados pela opressão e agindo de forma predeterminada, como vagões numa ferrovia. E a cuidadosa observação feita mesmo do mais humilde deles é o testemunho poderoso da crença que ele tem em sua humanidade. (DALRYMPLE, 2015)

Trata-se de uma perspectiva que acentua o valor da pessoa e não dos resultados. Em seu radical compromisso com a pessoa humana, tanto o pensamento de Turgueniev quanto o de Dalrymple divergem abertamente do enfoque socialista e do liberal utilitarista.

Esse pensamento se liberta da tradicional polarização entre esquerda *versus* direita e atinge um patamar mais elevado, no qual se percebe um problema comum: o desejo de domínio. Recorrente aliado tanto da esquerda quanto da direita em seus formatos mais extremos, o desejo de domínio é pré-requisito indispensável a todo e qualquer discurso político-religioso fundamentado na impessoalidade de ambiciosas abstrações. Por trás dos discursos que saem em defesa de um suposto bem coletivo, nacional, ou mesmo do bem-estar geral, constata-se, em muitos casos, um projeto de tomada de poder que costuma se valer da ingenuidade e do despreparo das massas para justificar a supressão da pessoa enquanto ente inviolável. Em nome da "nobre" causa, entusiastas desafortunados aceitam a escravização parcial e até mesmo integral de si mesmos e de terceiros. Na história do mundo, esse processo assume diversos matizes, pois não houve e não há sociedade no mundo em que ele não atue em maior ou menor grau. Neste mundo, a diferença entre liberdade e tirania é mais de grau do que de natureza. É por esse motivo que as bandeiras políticas e seus princípios filosóficos jamais conseguiram assegurar, de uma vez por todas, a manutenção das liberdades contra o inevitável assédio dos projetos mais autoritários de poder.

Uma rápida consulta à história recente do mundo mostra como as posições esclarecidas dos setores moderados, tanto à direita (liberais) quanto à esquerda (social-democratas), atuaram, não poucas vezes, como preâmbulo para as mais totalitárias expressões de poder. Dois exemplos clássicos: (1) a moderação da social-democracia alemã da República de Weimar às portas do nazismo, e (2) o reformismo esclarecido do czar Nicolau II (1868-1918) no prelúdio da Revolução Bolchevique. Nos dois casos, assim como em muitos outros, a moderação das posições políticas mostrou ser inapta para conter o avanço de forças totalitárias. Portanto, ainda que necessária, a moderação política é insuficiente para garantir a manutenção da liberdade da pessoa. É por isso que Dalrymple tanto insiste na cultura como fator decisivo na salvaguarda dos valores e das instituições fundamentais. É a *cultura* e não a política que defende a cidadela da pessoa humana contra os insistentes assaltos do barbarismo.

Geralmente, as forças do barbarismo se articulam na impessoalidade dos mais insuspeitos projetos de poder, principalmente quando estes ostentam certa sofisticação retórica e dialética. Dalrymple identifica em Marx um bárbaro intelectualmente sofisticado, um sacerdote moderno da impessoalidade contra a liberdade da pessoa humana. Em sua pujante propriedade retórica e dialética, os trabalhos de Marx exprimem um recorrente desprezo pela pessoa enquanto entidade única, livre, indivisível e irrepetível. Para Marx e para os marxistas, o que realmente importa são as forças, ou seja, as categorias coletivas, principalmente aquelas ligadas à riqueza e à governança. Nesse caso, o conceito patrístico de pessoa se torna um grande empecilho, que será imediatamente removido do cenário cultural e intelectual, caso a revolução pretenda seguir adiante em sua completa racionalização da vida, para uma estrita conformidade com os ideais coletivos.

Ao se colocarem contra a liberdade da pessoa e o seu correspondente movimento criativo, os ideólogos da impessoalidade se obrigam a tolher a própria criatividade e com isso emperram o papel fundador e absolutamente vital da iniciativa pessoal, tanto na criação de riquezas quanto na gestão de eficientes modelos de governança. Assim, essas ideologias testemunham uma enorme e interminável frustração em seus projetos, uma vez que a riqueza e a arte da governança sempre lhes escapam frente aos desafios da vida a ao decorrente movimento da história. O resultado emocional diante de tamanha frustração comportará doses progressivamente maiores de intolerância, radicalismo e ressentimento. A exacerbação do ressentimento e o concomitante sentimento de impotência que esse processo acarreta reforçará a crença messiânica na retribuição vingativa das forças e coletividades cultuadas, disparando um movimento que poderá abrir a porta do inferno das soluções finais e dos grandes saltos utópicos. A hecatombe virá como produto final de uma desesperada (e perdida) luta contra a natureza irredutível da pessoa humana. Populações serão escravizadas e massacradas até que a completa falsificação da razão pelo desejo de domínio se esgote no meio de crimes terríveis. Nesse quadro, o fracasso será tão mais formidável quão mais resistente for a ilusão na crença da salvação pela técnica de um sistema impessoal.

> A escatologia marxista, ao lhe faltar qualquer senso comum, qualquer conhecimento real sobre a natureza humana, apoia-se em abstrações que para ela são mais reais do que as pessoas de carne e osso. É claro, Turgueniev conhecia o valor das generalizações e criticava instituições como a servidão feudal, mas sem adotar tolas ilusões utópicas, pois ele sabia que o homem é uma criatura falha, capaz de aperfeiçoamento, mas não dotado de perfeição. Portanto, não houve hecatombes associadas ao nome de Turgueniev.
>
> Marx alegava conhecer os homens, mas os conheceu somente como seus inimigos. Apesar de ser um dialético hegeliano, ele não se interessava pelas contradições da vida. Nem a gentileza e tampouco a crueldade o tocavam; os homens eram simplesmente os ovos dos quais a gloriosa omelete seria um dia feita. E ele seria instrumental nessa operação. (DALRYMPLE, 2015)

Não ser tocado nem pela gentileza e tampouco pela crueldade revela certa dose de psicopatia. Ainda que Marx não fosse um psicopata, ao menos Dalrymple não se refere a ele nesses termos, uma parcela expressiva de seus célebres seguidores o foi de forma bastante explícita, e há uma longa lista de líderes comunistas notoriamente psicopatas. Ademais, o mais importante, aos propósitos deste estudo, não é criticar uma ideologia ou uma filosofia específica, mas sim todo e qualquer pensamento que tenha na supressão da pessoa humana o seu centro de gravidade. O problema não está tanto nas coletividades e em suas formas de organização, mas no modo como algumas mentes se apropriam das representações coletivas para adiantar projetos fantasiosos, cujos efeitos são quase sempre desastrosos.

No ensaio "Um Gênio Descuidado", Dalrymple se dedica a discorrer sobre a importância de se ter uma pujante vida interior, na criação da fortaleza para a proteção da pessoa humana. O ensaio trata da vida e da obra do escritor austríaco Stefan Zweig, principalmente em sua relação antinômica com o nazismo. Zweig detestava o nazismo. Para o escritor vienense, o nazismo encarnava com perfeição a destruição da vida interior pelo dogma político. Sob o terrível jugo nazista, uma existência livre, cosmopolita e civilizada se tornara impraticável, tendo sido substituída por massas de autômatos ideologizados no ódio e na ignorância. Naturalmente, o nazismo também detestou Zweig e não tardou em queimar os seus livros. Esse autor representava, em temperamento e pensamento, a sociedade livre, tolerante, próspera e cosmopolita de seu país, no qual a política se subordinava à cultura. O nazismo pretendia eliminar e de fato eliminou rapidamente a liberdade da sociedade vienense. Como se sabe, a Áustria foi engolida pela Alemanha de Hitler em 1938.

> Ainda que a liberdade pessoal na Viena dos Habsburgos, grande como era – talvez maior do que qualquer uma que conhecemos hoje em dia –, não se assentasse em qualquer complexa base filosófica, mas, em vez disso, em cima de traços psicológicos e culturais, desenvolvidos de forma orgânica ao longo dos séculos [...] No Éden vienense, regras e convenções informais governavam a vida das pessoas de forma muito mais envolvente do que os direitos e deveres promulgados pelos legisladores. (DALRYMPLE, 2015)

É importante sublinhar, não obstante, que a cosmopolita Viena de Zweig, cujos cafés recebiam diariamente frequentadores como Sigmund Freud (1856-1939), Eric Voegelin (1901-1985), Rainer Maria Rilke (1875-1926), Richard Strauss (1864-1949), dentre tantas outras sumidades literárias, científicas e artísticas, era a capital do país em que nascera ninguém menos que Adolf Hitler (1889-1945), o líder de um movimento revolucionário que buscava suprimir a alta civilização representada e, de certa forma, preservada e fomentada por essas mentes brilhantes. Mas o fato é que o alto refinamento intelectual vienense foi estrondosamente insuficiente na contenção da mais virulenta das ideologias impessoais, e Stefan Zweig representou como ninguém essa insuficiência.

Dalrymple nos mostra como a refinada vida intelectual de Zweig, para o qual o sentimento de liberdade interior seria o mais alto bem, ainda que fosse uma qualidade absolutamente imprescindível ao exercício da vida em civilização, foi incapaz de enfrentar o terrível monstro da ideologia moderna.

> Ele testemunhou as negras nuvens anunciarem a tempestade sobre sua Áustria natal, muito antes que muitos. Em 1934 comprou um apartamento em Londres, percebendo que os nazistas não deixariam a Áustria em paz. Por volta de 1936, já aceitara o fato de ser um exilado permanente. [...] Mas é verdade que ele não se filiou a qualquer grupo antinazista e mal levantou sua voz contra os horrores praticados por eles. Como homem livre, ele não quis que os nazistas ditassem o seu modo de expressão – mesmo que estivesse em oposição a eles. (DALRYMPLE, 2015)

Há aqui um elemento decisivo em nossa discussão sobre a integridade da pessoa humana. Caso tivesse a chance, creio que o teólogo John Zizioulas teria alertado Zweig para o fato de haver uma incongruência fatal entre o conceito patrístico de pessoa e o isolamento radical da consciência. Embora fosse um homem civilizado, cultíssimo,[29] e um grande amante da liberdade interior da consciência, Zweig comportou-se, como muitas das mais brilhantes mentes literárias da época, como um típico romântico liberal e, desse modo, suprimiu o caráter intrinsecamente relacional da pessoa: perceber-se como pessoa,

---

[29] Zweig possuía, em sua propriedade vienense, uma das mais completas bibliotecas particulares da Europa.

no sentido intuído pela patrística, é constatar a inevitabilidade da vida em comunhão com outras pessoas.

Segundo Zizioulas e tantos outros especialistas em patrística oriental, os Padres da Igreja dos primeiros séculos de nossa era não conceberam o conceito de pessoa no isolamento dos livros e dos estúdios, mas o intuíram, embora paulatinamente, ao longo das inúmeras encenações e celebrações do ritual eucarístico. Foi por meio do rito – celebrado em comunidade – que o intelecto patrístico apreendeu a noção "moderna" de pessoa. Por outro lado e muitos séculos mais tarde, o austríaco Stefan Zweig nasceu em um mundo no qual essa apreensão do conceito de pessoa, como fonte do movimento criativo, estava havia muito consolidada no seio da civilização europeia. Todavia, esse mundo privilegiado passara a desprezar solenemente as suas origens e os conceitos lá engendrados. Zweig foi educado em um ambiente cultural e intelectual que passara a viver o conceito de pessoa de forma absolutamente independente, sem a necessidade da comunhão. O solipsismo metafísico (e largamente intelectual) do romantismo liberal de Zweig fugia ao confronto direto com as potestades das trevas, ao acreditar erroneamente na autossuficiência da vida interior do indivíduo. Houve, no romantismo liberal do século XIX, o projeto de um individualismo radical, que em muito contribuiu para o fortalecimento das mais disparatadas agendas autoritárias, ainda que de forma indireta. O resultado foi catastrófico tanto para a cultura europeia quanto para Zweig: ele se suicidou no Brasil (Petrópolis, RJ) em 1942, ao pensar que os nazistas venceriam.

Saber que a defesa da inviolabilidade da pessoa humana não acarreta uma ideologia do individualismo é central em nossa discussão. Embora Dalrymple não use Zizioulas como esteio teórico, tampouco qualquer outro elemento diretamente patrístico, ele se dá conta da fragilidade do individualismo liberal e/ou romântico frente aos terríveis ataques revolucionários dos movimentos utópicos da modernidade.

Um radicalismo individual como esse tem outro efeito paradoxal: aquilo que começa como busca por um individualismo ampliado ou mesmo total, termina com o aumento do poder do governo sobre os indivíduos [...] O radicalismo individual é, portanto, não apenas compatível com a radical centralização da autoridade, mas um produto dela. O indivíduo é deixado para que viva a sua vida como manda o seu capricho, mas o poder central aceitará de bom grado a responsabilidade e a autoridade de proteger esse indivíduo das consequências de agir dessa forma. (DALRYMPLE, 2015c)

Caso pretenda alcançar certa longevidade, uma genuína cultura de liberdade tem de comportar um enraizado tecido de relações e de rotinas sociais. Numa cultura desse tipo, leis e ritos socialmente vivos precisam ser constantemente reencenados em comunidade, para que possam promover uma real e duradoura liberdade da pessoa: "A falta de autoridades intermediárias, tais como família, igreja, organizações profissionais, etc., nos acostumou a esperar, e aceitar, o direcionamento centralizado de nossas vidas [...]". (DALRYMPLE, 2015c)

Dalrymple nos conta como os comandantes nazistas dos campos de concentração – certamente muitos deles eram intelectualmente refinados – "derramavam lágrimas à noite, quando ouviam as canções de Schubert, depois de um duro dia de trabalho dizimando pessoas". No entanto, Dalrymple se nega a chamá-los de civilizados, uma vez que, nesse caso, os oficiais exibiam um refinamento absolutamente superficial, mesmo frívolo, em face aos verdadeiros sustentáculos da vida em civilização. Nesse sentido, a defesa que Dalrymple faz da civilização ocidental, como bastião de liberdade, é largamente burkiana, e podemos dizer que o seu entendimento de cultura se enraíza no conceito de *comunhão* entre homens que se reconhecem livres e iguais perante as leis e os costumes.

Em boa medida, essa visão dispensa uma suposta autoridade moral do Estado e daqueles que o governam, ao mesmo tempo que valoriza a cultura como esteio moral da sociedade, pois é ela, em seus valores constituídos, que sustenta historicamente a comunidade de homens livres. Por sua vez, o Estado se caracteriza, por natureza, como entidade burocrática e, consequentemente, impessoal, ainda que necessária em nosso mundo. O problema não é tanto o Estado em si, mas a forma como ele se estabelece numa cultura em particular. Em seus níveis mais vitais as culturas e as suas instituições, como no caso da instituição da família, não podem ceder seus tradicionais espaços de ação para o Estado, cuja ingerência esvaziará as relações de afeto, as quais são espontaneamente geradas no convívio próximo *entre as pessoas*. Na órbita da impessoalidade burocrática do Estado, as relações são esmagadas pela frieza das normas da gestão pública. Isso significa que um assistente social não terá meios de substituir uma relação familiar, mesmo que ele seja deveras dedicado.

Em seu ensaio "Como Ler uma Sociedade", Dalrymple oferece aos seus leitores uma análise sobre as desvantagens da visão que vislumbra o Estado como entidade sumamente auxiliadora, em contraposição às instituições familiares e demais associações regionais e religiosas. Dalrymple nota que o pensador francês Alexis de Tocqueville antecipou com precisão os efeitos deletérios do assistencialismo estatista sobre as sociedades europeias, inclusive as sociedades mais ricas.

Em seu livro sobre a mendicância,[30] Tocqueville percebeu que o inédito assistencialismo público da Inglaterra, na época a nação mais próspera e comercialmente poderosa do mundo, produzira uma impressionante contradição no interior da sociedade britânica: apesar de sua extraordinária e disseminada riqueza, o país ostentava o mais alto nível de mendicância entre as nações europeias. Como explicar tamanho paradoxo? A concentração de renda não seria uma resposta adequada, uma vez que a Inglaterra dispunha de uma extensa e afluente

---

[30] *Mémoire sur le Paupérisme*, publicado em 1835.

classe média. Desde o reinado de Elizabeth I (1533-1603), a Inglaterra desenvolvera um sistema público e nacional de assistência aos mais pobres e necessitados, pois a erradicação dos monastérios católicos deixara um vácuo de auxílio aos desamparados, o qual precisou ser então ocupado pelo Estado.

> Tocqueville observou a ociosidade voluntária que o aparente sistema de garantia de direitos fez proliferar, capaz de destruir tanto a gentileza quanto a gratidão (pois o que é dado burocraticamente é recebido com ressentimento), encorajando a fraude e a dissimulação de vários tipos e, acima de tudo, como esse sistema dissolveu os laços sociais que protegiam as pessoas dos piores efeitos da pobreza. A provisão do auxílio como direito atomizara a sociedade […] A constituição do auxílio assistencial como um direito destruía a motivação para a solidariedade humana diante das situações difíceis, minando tanto os laços de afeição pessoal quanto o senso de dever para com os próximos. (DALRYMPLE, 2015)

Nesse sentido, as políticas assistencialistas do chamado *welfare state* passam a ser vistas à luz de uma antropologia mais profunda. Tocqueville e Dalrymple partilham de uma visão absolutamente realista do caráter humano: os homens e as mulheres não valorizarão um serviço cujo funcionamento é dado como certo. Portanto, o sistema assistencialista fomentará concomitantemente a dependência e o ressentimento, uma vez que ele desobriga o seu beneficiário de qualquer ação ou sentimento correspondente ao benefício oferecido. Assim, o mais básico sentimento de gratidão será friamente dispensado na tábula rasa do *welfare state*. Qual o sentido de agradecer um bem impessoal e abertamente disponível a todos? Um direito utilizado principalmente por aqueles sujeitos supostamente sem condição de produzir e gerar valor? O sentido é inequivocamente demeritório, e será percebido como tal, principalmente pelos usuários recorrentes e/ou eternamente dependentes. Trata-se de um sistema monstruosamente impessoal, cuja dinâmica interna tende a aprisionar o suposto beneficiário na camisa de força da incapacitação crônica.

No caso de uma relação entre pessoas próximas e ligadas por laços de afeto, o auxílio oferecido comprometerá uma retribuição pessoal, mesmo que esta se expresse das piores formas possíveis, como no caso da ingratidão ou mesmo de uma traição. Não obstante, a ingratidão e a traição serão percebidas como tais pelas partes envolvidas. Assim sendo, a forma e o tom da retribuição determinará a futura qualidade das relações de auxílio. Por exemplo, alguém sem moradia e que receba o generoso abrigo de amigos ou de parentes poderá manifestar a sua gratidão, o que reforçará ainda mais os laços de amizade e a força da solidariedade entre as pessoas envolvidas. Não poucas vezes essas situações geram amizades e vínculos praticamente indestrutíveis, nos quais há um real contágio positivo entre as partes envolvidas, que se mobilizarão na criação de ambientes mais saudáveis e prósperos. Logo, independentemente das relações sanguíneas, cria-se um ambiente fraterno ou mesmo uma "família" entre amigos. Nesses casos, a pessoa que recebe o auxílio ambicionará um fortalecimento real, para que ela também possa auxiliar e assim mostrar o seu valor.[31] Por outro lado, a relação impessoal entre o Estado e o beneficiário público jamais poderá reproduzir uma dinâmica equivalente. O máximo que pode haver é uma residual, fantasiosa ou mesmo preguiçosa gratidão por um político ou funcionário público, com os quais raramente se estabelecerão vínculos pessoais.

No entanto, haveria ainda, segundo nos revela a leitura da obra de Dalrymple, formas mais portentosas de impessoalidade. Se a impessoalidade ideológico-secular é capaz de consagrar leviatás absolutamente

---

[31] Recordo-me de um excelente filme argentino intitulado *Um Conto Chinês*, em que um senhor de meia idade, solitário e melancólico, embora trabalhador, sensível e honesto, resolve acolher, em sua casa, ainda que circunstancialmente e meio a contragosto, um chinês desconhecido. A imensa gratidão do chinês pela generosidade de seu novo amigo contagia todo um universo outrora desgostoso e desesperançado. No filme, percebe-se como a generosidade pessoal caminha de mãos dadas com a prosperidade e com uma possível felicidade neste mundo.

tirânicos, os seus paralelos na vida religiosa revelaram igual ou mesmo superior capacidade na construção de sociedades dominadas pelo medo, desconfiança e atraso.

Em seus escritos, Dalrymple se coloca, em diversos momentos, como um implacável crítico do islã enquanto entidade que se pretende suprema, capaz de impor as suas intransigentes prerrogativas tanto sobre o Estado quanto sobre a vida pública e privada de seus membros, como também das regiões sob o seu controle. Embora as escrituras islâmicas não especifiquem o tipo de organização política que compreenderia o Estado islâmico, há, na revelação islâmica, uma total incorporação do Estado às necessidades teocráticas da nação islâmica, *ummah*, durante o inadiável exercício da *sharia* (a lei divina). No quadro institucional do islã e, consequentemente, dos países islâmicos, a autoridade político-religiosa não se fundamenta, em princípio, em qualquer hierarquia institucional previamente disposta, esteja ela no Estado ou numa possível Igreja, mas advém única e exclusivamente do compromisso literal com a *sharia*. Assim sendo, a relação do muçulmano com a vontade e com o poder absolutos, a sua relação com Alá, não pode ser mediada por pessoas hierarquicamente arranjadas e autorizadas: o compromisso com o islã é estabelecido por meio de uma direta e exclusiva submissão aos fundamentos da *sharia*. Trata-se de um compromisso público e, consequentemente, jurídico. Por definição, o islã se caracteriza, ao mesmo tempo, como religião de Estado e como religião fundamentalista.[32] Não é por outro motivo que, em sociedades islâmicas, as visões mais fundamentalistas quase sempre vençam a disputa moral-piedosa contra

---

[32] Creio que se a imprensa livre, tanto a escrita quanto a televisiva, esclarecesse ao grande público ocidental o funcionamento básico do islã, todos ganhariam com isso, ocidentais e islâmicos. Infelizmente, porém, não é isso o que ocorre, e o grande público continuará a ser desinformado pela grande imprensa. Do ponto de vista da *sharia*, o fundamentalismo não é coisa de pessoas más, mas justamente o contrário: significa compromisso piedoso. É preciso que os ocidentais saibam disso para compreender de fato a questão islâmica e, então, dialogar com as melhores e mais abertas mentes do islã.

adversários que se pretendam mais moderados e secularizados, uma vez que a autoridade religiosa, portanto, moral e política, está alicerçada na capacidade maior ou menor do indivíduo incorporado ao islã em seguir (ou pensar seguir) literalmente as regras estabelecidas pelo último dos profetas: Maomé.

> [No islã] a legitimidade do poder temporal podia sempre ser desafiada por aqueles que, ao citar a regra espiritual de Maomé, alegavam possuir uma maior pureza religiosa ou maior autoridade; logo, o islã fanático está sempre em vantagem moral *vis-à-vis* sua contrapartida moderada. Além do mais, o islã – em que a mesquita é um local de encontro, não uma igreja institucionalmente estabelecida – não possui uma hierarquia eclesiástica ungida e fixada, capaz de arbitrar sobre questões de comando, em posse de uma autoridade institucionalmente conferida. (DALRYMPLE, 2015)

Percebe-se, então, como o Leviatã islâmico é insuperável em sua impessoalidade. O seu centro de poder – um centro metafísico – não pode ser representado, habitado e muito menos pessoalizado. Essa disposição impõe uma agudíssima verticalização na relação entre as pessoas e a estrutura fundadora, cuja suprema autoridade não tolerará intermediações pessoais e, portanto, reformas. Esse é um ambiente cultural em que o dogma se impõe pública e privadamente, suprimindo com violência qualquer discordância ou questionamento. Nessas condições, não há pensamento realmente livre. A pessoa jamais desfruta de autoridade enquanto pessoa, mas tão somente enquanto fiel seguidora de leis estabelecidas.

> Não é coincidência que, no islã, a punição para a apostasia é a morte. Apóstatas são considerados piores do que os infiéis, e são punidos de forma muito mais rigorosa. Em toda sociedade islâmica, e de fato entre os imigrantes muçulmanos britânicos, existem pessoas que adotam essa ideia de forma absolutamente literal, como ficou provado no caso do ódio que amalgamaram contra

Salman Rushdie. A doutrina islâmica de apostasia dificilmente favorece a livre investigação ou a discussão franca, para dizer o mínimo, e certamente explica por que nenhum muçulmano, ou antigo muçulmano, numa sociedade islâmica, ousaria sugerir que o Corão não foi divinamente ditado pela boca do profeta, mas que, em vez disso, trata-se de uma compilação das palavras de um homem carismático, feita muitos anos após a sua morte e que incorporava, sem qualquer grande originalidade, elementos judaicos, cristãos e zoroastrianos. (DALRYMPLE, 2015)

Historicamente, as teocracias islâmicas sempre encontraram os seus aliados mais naturais nas tiranias e nos regimes autoritários. Os exemplos são muitos, e de fato há uma inegável convergência entre Estados repressivos e fundamentalismo islâmico. Todavia, Dalrymple não é um analista político *stricto sensu*, mas um crítico social. A ele interessa mais discorrer sobre a condição mental e social dos muçulmanos que vivem na Grã-Bretanha do que fazer análise geopolítica das nações e dos governos islâmicos.

Valendo-se de sua longa experiência como médico psiquiatra, Dalrymple analisa a inominável violência psicológica, e muitas vezes física, que as mulheres e meninas muçulmanas sofrem nas mãos de uma cosmovisão que as enxerga como objeto de troca. Esse é um tema recorrente nos ensaios de Dalrymple, o que nos leva à conclusão de que a sistemática violência religiosa sobre as mulheres muçulmanas, principalmente as moças, o afetou emocionalmente de modo especial, e podemos imaginar os inúmeros casos de pacientes muçulmanas que Dalrymple atendeu. Ele diz que dos incontáveis sofrimentos humanos que testemunhou no exercício da psiquiatria, não há sofrimento mais intenso e cruel, do ponto de vista psíquico, do que o vivido por jovens muçulmanas, quando forçadas a se casarem com parentes próximos e/ou homens que nunca viram, pelos quais nutrem uma repulsa imediata. Os casos que Dalrymple relata são horripilantes. O mais assustador é perceber que em geral essas moças não têm a quem recorrer, absolutamente esmagadas pelo sectarismo islâmico e pela indiferença das burocracias do Ocidente. Além disso, parece haver uma forte cortina de proteção teológico-ideológica, a qual impede que uma eficiente massa de opinião crítica seja formada na Grã-Bretanha.

> Sempre que descrevo na imprensa as crueldades que minhas pacientes muçulmanas são obrigadas a suportar, recebo respostas raivosas. Ou me denunciam como um mentiroso contumaz, ou o escritor que me rebate reconhece que tais crueldades de fato acontecem, mas que são atribuíveis à cultura local, nesse caso à cultura Punjab, não ao islã como um todo, e que sou um ignorante ao não saber disso. Mas os *sikhs* do Punjab também acertam os seus casamentos, todavia, eles não obrigam a realização de casamentos consanguíneos do tipo que ocorre de Madras ao Marrocos. (DALRYMPLE, 2015)

Houve, na Grã-Bretanha, uma desafortunada aliança entre fundamentalismo islâmico e multiculturalismo. Nesse caso, é possível enxergar com total clareza a natureza profundamente impessoal dos dois movimentos. Em seu ensaio "O Homem que Previu os Distúrbios Raciais", Dalrymple revela como o Estado britânico, laico e supostamente defensor da pessoa humana, convive abertamente com práticas ilegais costumeiramente adotadas pelas comunidades muçulmanas. Sob o olhar conivente de autoridades defensoras de agendas multiculturais, descumpre-se abertamente a lei. Assim, certos procedimentos desumanos e evidentemente arcaicos, ainda que defendidos pelo suposto esclarecimento do multiculturalismo vigente, mas que são cometidos contra cidadãos britânicos e principalmente contra as mulheres, podem ser reproduzidos em solo britânico.

As autoridades públicas inglesas fazem vista grossa para o fato de haver atualmente um disseminado encarceramento doméstico de jovens muçulmanas, as quais são impedidas de prosseguir os seus estudos formais. As leis britânicas obrigam os pais a zelarem pela frequência escolar dos filhos, mas, no caso das comunidades muçulmanas, a lei não se aplica, para o total desespero de muitas meninas que desejam continuar a estudar, e de fato o fazem em privado com os poucos recursos à disposição. Muitas vezes, essas meninas alcançam, no isolamento de seus estudos pessoais, um nível de formação muito superior ao de seus irmãos e primos, aos quais foi dado o pleno acesso à educação e ao conhecimento. Dalrymple oferece exemplos comoventes de moças que superaram parte desse ultrajante ostracismo intelectual, mediante esforços nada menos que heroicos. De modo geral, as jovens muçulmanas se expressam melhor, redigem melhor, calculam melhor e pensam melhor do que os jovens do mesmo grupo, além de serem infinitamente mais polidas. Essa diferença pode ser verificada, segundo Dalrymple, no mercado de trabalho britânico, no qual há uma expressiva oferta de empregos para as jovens muçulmanas e uma correspondente escassez de oferta para os jovens muçulmanos.

Esse cenário revela dois fatos importantes: (1) como a impessoalidade do fundamentalismo islâmico e do estatismo britânico se opõe ao florescimento do ser humano, e (2) como este sempre buscará meios alternativos de expressar o potencial de sua pessoa. No caso de algumas jovens muçulmanas, ocorre uma verdadeira libertação, uma vez que essas moças se veem obrigadas a encontrar uma saída tanto para a opressão que vem de casa, quanto para o descaso da sociedade. Elas são desafiadas a encontrar uma saída *pessoal*, e isso significa que elas começam a trabalhar em *comunhão*, ou seja, em cooperação nos estudos e em outros esforços conjuntos, até conseguirem uma formação que as habilite galgar estágios superiores. Do outro lado, ao desfrutarem de uma liberdade que é negada para as mulheres e, assim, frequentarem livremente o impessoal sistema público de educação britânico, os jovens muçulmanos do sexo masculino acabam por receber uma formação inferior (o que não deixa de ser uma tremenda ironia).

É claro, as forças que negam uma educação britânica aos muçulmanos de Bradford também a negaram aos brancos, que, sob as bases de uma necessidade renovada por aparência multiculturalista, recebem uma educação escolar que os deixa praticamente tão ignorantes em relação à história e às tradições britânicas quanto os seus conterrâneos muçulmanos, sem lhes proporcionar, contudo, qualquer conhecimento útil sobre qualquer outra tradição. Assim, eles são lançados ao limbo, flutuando livremente ao sabor da cultura popular, desprovidos de firmes sustentáculos culturais e morais, e presas fáceis dos levianos embora perigosos ressentimentos que essa cultura popular inculca com tanto êxito. (DALRYMPLE, 2015)

Em suma, o multiculturalismo protege as minorias, exceto aquelas que são oprimidas por forças realmente desproporcionais. O Estado britânico se cala, as feministas se calam e os grupos de defesa dos direitos humanos se calam ante a sistemática e arraigada opressão que sofrem as mulheres sob o tacão das culturas islâmicas. No entanto, sob a perspectiva das propostas impessoais, não há qualquer contradição em tão constrangedor silêncio, uma vez que são perspectivas que não lidam com pessoas de verdade – com o real sofrimento de seres humanos de carne e osso –, mas com políticas, agendas e abstrações. O importante será sempre a causa defendida, a bandeira levantada ou o dogma proferido, e nunca o florescimento da pessoa.

Há ainda uma última temática sobre a qual Dalrymple discorre e que pode ser inserida em nossa discussão sobre a impessoalidade como sinal contrário ao desenvolvimento humano. Em diversos escritos, Dalrymple analisa o fiasco colonial europeu na África, e ele o faz sob a óptica de alguém que conheceu *pessoalmente* o drama africano. Em seu ensaio "Depois do Império", ele defende a tese de que os mais fortes controlam os mais fracos até certo ponto.

O imperialismo colonial europeu (e britânico), em posse de um aparato político-administrativo largamente impessoal e grande senhor das sociedades nativas, foi incapaz de compreender os povos submetidos.

> Aos poucos comecei a chegar à conclusão [em minha experiência africana] de que os ricos e poderosos podem de fato exercer um efeito sobre os pobres e fracos – talvez, possam até refazê-los –, mas não necessariamente (de fato, necessariamente não) da forma como desejaram ou anteciparam. A lei dos efeitos imprevistos é mais forte do que o mais absoluto poder. (DALRYMPLE, 2015)

Em seu poder e cobiça, o imperialismo colonial europeu criou um gigantesco movimento impessoal. A África foi usada pelas potências europeias como livre "território de caça", com suas temporadas abertas à exploração comercial e política. Com efeito, nunca houve um interesse sincero de integrar os africanos ao mundo colonial. Dalrymple testemunhou o colapso dos últimos remanescentes do império colonial britânico na África, e percebeu um enorme abismo cultural entre as metrópoles que se retiravam e as recém-formadas repúblicas africanas. Além disso, havia uma assimetria entre a natural gentileza e generosidade dos africanos e os seus regimes absolutamente brutais, aos quais as novas nações independentes foram submetidas no despertar do período pós-colonial.

> Minhas experiências com o Zimbábue me sensibilizaram ao caos que mais tarde testemunharia por toda a África. O contraste entre gentileza, por um lado, e a rapacidade, por outro, era por demais evidente em todo lugar; e aprendi que não existe um ditado mais desalmado do que aquele a afirmar que as pessoas têm o governo que merecem. Quem, em massa, poderia merecer um Idi Amin ou um Julius Nyerere? Certamente não os camponeses africanos que conheci. (DALRYMPLE, 2015)

A África independente emergia como um mosaico de nações criadas segundo modelos e referências europeias, mas sem a menor vocação para se constituir de tal forma. Dalrymple sugere que a tradicional impessoalidade entre o colonizador e os nativos foi reproduzida na relação entre a nova classe governante e a população. Os africanos continuavam a ser tratados como crianças incapazes e dependentes, mas agora por uma elite autóctone autoritária e pretensamente esclarecida.

> Talvez, o legado mais funesto dos britânicos e de outros colonizadores na África tenha sido a ideia de rei-filósofo, cujo papel era aspirado pelos oficiais colonizadores e o qual eles com frequência desempenhavam, legando-os para os seus sucessores africanos [...] Esses nacionalistas herdaram o legado de tratar o simples e não instruído africano comum como se fosse uma criança, incapaz de tomar decisões por si mesmo. Nenhuma atitude seria mais grata ao aspirante a déspota. (DALRYMPLE, 2015)

Assim, houve uma transferência direta dos pressupostos que alimentavam a arrogância administrativa metropolitana para a recém-criada elite política africana, mantendo praticamente intacto o enorme desnível entre governantes e governados. Os antigos senhores saíam de cena, mas tão somente para que os novos senhores mantivessem a mesma distância esnobe e a mesma frieza intelectual diante do homem comum: a impessoalidade triunfara uma vez mais.

O pensamento de Dalrymple vislumbra o ser humano em sua natural complexidade: um ente histórico, portanto, dramático; passional, logo, contraditório; espiritual, assim, criativo. Uma bem-aventurança real não admite atalhos, e menos ainda, soluções técnicas. Há tão somente o longo caminhar das gerações sobre o oceano da vida. É preciso preservar o que é bom e reformar as deficiências com coragem, enriquecendo a cultura que nos conduz à vida em civilização. A preservação da ideia moderna de pessoa é o elemento central de toda e qualquer cultura que se pretenda humanizada, e isso vale para as culturas em geral. Dalrymple percebeu que ao longo de seu extenso movimento histórico, o Ocidente desenvolveu ideias e instituições que de fato fomentaram o pleno florescimento da pessoa humana, mas simultaneamente e por outro lado, essa mesma civilização foi responsável pela criação das ideologias mais tirânicas dos últimos séculos. No seio do Ocidente moderno, houve a inegável proliferação de projetos totalitários, os quais puseram de joelhos a civilização no exato momento que escravizavam e massacravam milhões de pessoas. No entanto, essas tragédias ensinaram as suas lições e recomendaram novos guardiões.

Poderoso farol de ideias e guardião da lucidez, é assim que a obra de Dalrymple nos situa contra os inclementes rochedos da soberba, mentira e tirania.

4. BIBLIOGRAFIA

Alberg, Jeremiah. *A Reinterpretation of Rousseau: A Religious System*. New York: Palgrave Macmillan, 2007.
Berlin, Isaiah. *Estudos sobre a Humanidade: Uma Antologia de Ensaios*. São Paulo: Companhia das Letras, 2002.
Botting, Eileen Hunt. *Family Feuds: Wollstonecraft, Burke, and Rousseau on the Transformation of the Family*. Albany: State of New York Press, 2006.
Brickhouse, Thomas e Smith, Nicholas D. *Plato's Socrates*. Oxford: Oxford University Press, 1994.
Burke, Edmund. *Reflections on the Revolution of France*. London: Penguin Classics, 1982.
Carpenter, David. *The Struggle for Mastery: The Penguin History of Britain 1066 – 1284*. London: Penguin Books, 2004.
Conquest, Robert. *The Harvest of Sorrow: Soviet Collectivization and Terror-Famine*. New York: Oxford University Press, 1986.
Conrad, Joseph. *Heart of Darkness*. London: Penguin Books, 2007.
Dalal, D. S. *A Critique – D. H. Lawrence Sons and Lovers*. Delhi: Sarup & Sons, 2005.
Dalrymple, Theodore. "Not as Black as It's Painted". *The Spectator*, 31 jan. de 1987.
_____. "If Symptoms Persist…". *The Spectator*, 18 maio de 1990.
_____. "Mr. Hyde & Epidemiology of Evil". *New Criterion*, set. de 2004.
_____. "Heart of Darkness". *New English Review*, out. de 2006.
_____. "Minding Our Manners: Egalitarianism's Assault on Class Aims to Make Us All Equally Rude". *The American Conservative*, 10 de abr. de 2006.

Dalrymple, Theodore. *Not With a Bang But a Whimper: The Politics of Culture Decline*. Chicago: Ivan R. Dee, 2008.

_____. "Sympathy Deformed: Misguided Compassion Hurts the Poor". *City Journal*, spring 2010.

_____. *If Symptoms Persist*. Cheltenham: Monday Books, 2010.

_____. *The New Vichy Syndrome: Why European Intellectuals Surrender to Barbarism*. New York: Encounter Books, 2011.

_____. *The Wilder Shores of Marx: Journeys in a Vanishing World*. Cheltenham: Monday Books, 2012.

_____. "Memo to Ed Miliband: My Marxist Father Was Wrong Too". *The Telegraph*, 5 out. de 2013.

_____. "The Noble Conrad: For the Great Novelist, Art, Entertainment, and Moral Purpose Were One". *City Journal*, winter 2014.

_____. *A Vida na Sarjeta: O Círculo Vicioso da Miséria Moral*. São Paulo: É Realizações, 2014.

_____. *Nossa Cultura... Ou O Que Restou Dela: 26 Ensaios sobre a Degradação dos Valores*. São Paulo: É Realizações, 2015.

_____. *Podres de Mimados: As Consequências do Sentimentalismo Tóxico*. São Paulo: É Realizações, 2015b.

_____. *Em Defesa do Preconceito: a Necessidade de se Ter Ideias Preconcebidas*. São Paulo: É Realizações, 2015c.

_____. *Admirable Evasions: How Psychology Undermines Morality*. New York: Encounter Books, 2015d.

Daniels, Anthony (Theodore Dalrymple). *Fool or Physician: The Memoirs of a Skeptical Doctor*. Cheltenham: Monday Books, 2011.

Danziger, Dany e Gillingham, John. *1215: The Year of Magna Carta*. London: Hodder & Stoughton, 2003.

Davis, Helen E. *Tolstoy and Nietzsche: A Problem in Biographical Ethics*. San Francisco: Haskell House Publishers, 1970.

Dawson, Christopher. *A Formação da Cristandade: Das Origens na Tradição Judaico-Cristã à Ascensão e Queda da Unidade Medieval*. São Paulo: É Realizações, 2014.

Dawson, Christopher. *Dinâmicas da História do Mundo*. São Paulo: É Realizações, 2010.

Dostoiévski, Fiodor. *Memórias do Subterrâneo*. Rio de Janeiro: Companhia Aguilar, 1963.

Eliot, T. S. "Notes Towards the Definition of Culture". In: *Christianity and Culture*. New York: Harcourt, Inc., 2001.

Fox, Patricia A. *God as Communion: John Zizioulas, Elizabeth Johnson, and the Retrieval of the Symbol of the Triune God*. Saint John's Abbey: The Order of St. Benedict, Inc., 2001.

Girard, René. *A Voz Desconhecida do Real: Uma Teoria dos Mitos Arcaicos e Modernos*. Lisboa: Instituto Piaget, 2002.

_____. *Mentira Romântica e Verdade Romanesca*. São Paulo: É Realizações, 2009.

_____. *Shakespeare: Teatro da Inveja*. São Paulo: É Realizações, 2010.

Goldstein, Natalie. *Global Issues: Religion and State*. New York: Facts On File, 2010.

Greenberg, Gary. *Manufacturing Depression: The Secret History of a Modern Disease*. New York: Simon & Schuster, 2010.

Hadot, Pierre. *Exercícios Espirituais e Filosofia Antiga*. São Paulo: É Realizações, 2014.

Himmelfarb, Gertrude. *Os Caminhos para a Modernidade: Os Iluminismos Britânico, Francês e Americanos*. São Paulo: É Realizações, 2011.

Hochschild, Adam. *Bury the Chains: Prophets and Rebels in the Fight to Free an Empire's Slaves*. Boston: Houghton Mifflin Company, 2005.

Hunter, Ian. *Malcolm Muggeridge: A Life*. Vancouver: Regent College Publishing, 2003.

_____. "A Tale of Two Journalists". *Report Magazine*, 27 mar. de 2000.

Ingersoll, Earl G. e Ingersoll, Mart C. (org.) *Conversations with Anthony Burgess*. Jackson: University Press of Mississippi, 2008.

Kirk, Russell. *A Era de T. S. Eliot: A Imaginação Moral do Século XX*. São Paulo: É Realizações, 2011.

Lambert, Frank. *Religion in American Politics*. New Jersey: Princeton University Press, 2008.

Lyons, Eugene. *Assignment in Utopia*. New Brunswick: Transaction Publishers, 1991.

Macaulay, Thomas B. *Hallam's Constitutional History*. Edinburgh: Edinburgh Review, 1928.

Maixner, Paul (org.) *The Critical Heritage: Robert Louis Stevenson*. New York: Routledge, 1998.

Melnyczuk, Lesa. *Silent Memories, Traumatic Lives: Ukrainian Migrant Refugees in Western Australia*. Western Australia Museum, 2012.

Moore, Bob e Nierop, Henk van. *Twenty Century Mass Society in Britain and the Netherlands*. Oxford: Oxford International Publishers, 2006.

Msigwa, Thursday (Theodore Dalrymple). *Filosofa's Republic*. London: Pickwick Books, 1989.

Orwell, George. *A Revolução dos Bichos*. São Paulo: Companhia das Letras, 2002.

Peyrefitte, Alain. *A Sociedade de Confiança: Ensaio sobre as Origens e a Natureza do Desenvolvimento*. Rio de Janeiro: Topbooks, 1999.

Popovski, Vesselin (org.) *International Rule of Law and Professional Ethics*. Farnham: Ashgate Publishing Limited, 2014.

Porter, Roy. *The Modern Creation of the World: The Untold Story of the British Enlightenment*. New York: Norton Company, 2001.

Rising, George. *Stuck in the Sixties: Conservatives and the Legacies of the 1960s*. Bloomington: Xlibris Corporation, 2010.

Rist, John. "Individuals and Persons". Human Value: A Study in Ancient Philosophical Ethics. *Philosophia Antiqua* (40). Leiden: Brill, 1982.

Rousseau, Jean-Jacques. *The Social Contract*. London: Penguin Books, 1968.

Shelpley, Nick. *Stalin, The Five Year Plans and the Gulags: Slavery and Terror (1929-1953)*. London: Andrews UK Ltd, 2013.

Sowell, Thomas. *Os Intelectuais e a Sociedade*. São Paulo: É Realizações, 2011.

Splichal, Slavko. *Principles of Publicity and Press Freedom*. Boston: Rowman & Littlefield Publishers, Inc., 2002.

Stahnke, Tad e Blitt, Robert C. (org.) *The Right to Freedom of Religion & Belief: An Analysis of Muslim Countries*. New York: Cosimo Reports, 2015.

STARK, Rodney. *The Victory of Reason: How Christianity Led to Freedom, Capitalism, and Western Success.* New York: Random House, 2005.

STEVENSON, Robert Louis. *The Strange Case of Dr. Jekyll and Mr. Hyde.* New York: Dover Publications, 1991.

TAYLOR, Sally J. *Stalin's Apologist: The New York Times' Man in Moscow.* New York: Oxford University Press, 1990.

THEBERTON, Edward (Theodore Dalrymple). "Nyerere's Circus". *The Spectator*, 23 de mar. de 1985.

THOMPSON, David. *Europe Since Napoleon.* London: Penguin Books, 1990.

TOLKIEN, J. R. R. *O Senhor dos Anéis.* São Paulo: Martins Fontes, 2002.

VLASTOS, Gregory. *Socrates, Plato, and Their Tradition.* New Jersey: Princeton University Press, 1995.

WELLS, Matthew C. *Parallelism in Revolution: The Cases of France, Germany, and Iran.* Bloomington: Xlibris Corporation, 2005.

WHEATLAND, Thomas. *The Frankfurt School in Exile.* Minneapolis: University of Minnesota Press, 2009.

ZIZIOULAS, John D. *Being as Communion: Studies in Personhood and the Church.* New York: St. Vladimir Seminary, 1997.

CONHEÇA OUTROS TÍTULOS DA BIBLIOTECA CRÍTICA SOCIAL:

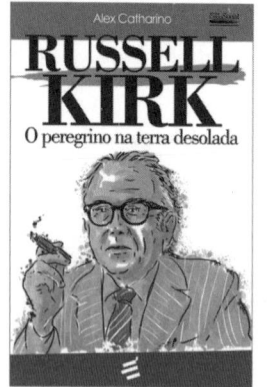

Alex Catharino
RUSSELL KIRK
O peregrino na terra desolada

Talyta Carvalho
LEO STRAUSS
Uma introdução à sua filosofia política

José Luiz Bueno
GERTRUDE HIMMELFARB
Modernidade, Iluminismo e as virtudes sociais

Fernando Amed
THOMAS SOWELL
Da obrigação moral de ser cético

Com coordenação de Luiz Felipe Pondé, a Biblioteca Crítica Social tem o propósito de disponibilizar ao público brasileiro obras introdutórias ao pensamento de importantes intelectuais do século XX. Além de um breve perfil biográfico, cada volume apresenta um panorama da obra do autor comentado e um estudo detalhado de um livro em particular. Ao final, cada volume traz, também, uma série de sugestões de leitura, que permitem o aprofundamento dos estudos. Esperamos que esta coleção ajude a fortalecer a pluralidade da discussão acadêmica no Brasil.

facebook.com/erealizacoeseditora
twitter.com/erealizacoes
instagram.com/erealizacoes
youtube.com/editorae
issuu.com/editora_e
erealizacoes.com.br
atendimento@erealizacoes.com.br